LE
BOURGEOIS
GENTILHOMME

COMEDIE-BALET.

FAITE A CHAMBORT,
pour le Divertissement du Roy.

Par *J. B. P. MOLIERE*.

A PARIS,

Chez CLAUDE BARBIN, au Palais, sur le
second Perron de la Sainte-Chapelle.

M. DC. LXXIII.

AVEC PRIVILEGE DU ROY.

g ovovjaenjore

Extrait du Privilege du Roy.

PAr Grace & Privilege du Roi, Donné à Paris le 31. jour de Decembre l'an de grace 1670. Signé, Par le Roy en son Conseil, GUITON-NEAU. Il est permis à Jean Baptiste Poquelin de Moliere, l'un des Comediens de sa Majesté, de faire imprimer, vendre & debiter une Piece de Theatre, intitulée LE BOURGEOIS GENTILHOMME, par tel Imprimeur ou Libraire qu'il voudra choisir, pendant le temps & espace de dix années entieres & accomplies, à compter du jour que ladite Piece sera achevée d'imprimer pour la premiere fois : Et defenses sont faites à toutes Personnes, de quelque qualité & condition qu'elles soient, d'imprimer, faire imprimer, vendre, ni debiter ladite Piece, sans le consentement de l'Exposant, ou de ceux qui auront droict de lui, à peine de six mille livres d'amende, confiscation des Exemplaires contrefaits, & de tous dépens, dommages & interests, ainsi que plus au long il est porté audit Privilege.

Le Privilege cy-dessus a esté cedé à CLAUDE BARBIN, suivant les Actes passez pardevant les Notaires au Chastelet de Paris.

Regiſtré sur le Livre de la Communauté des Imprimeurs & Marchands Libraires de Paris, suivant l'Arrest de la Cour de Parlement du 8. Avril 1653. aux charges, clauses & conditions portées és presentes Lettres. Fait ce 13. Mars mil six cens soixante & onze.

Signé, L. SEVESTRE, Syndic.

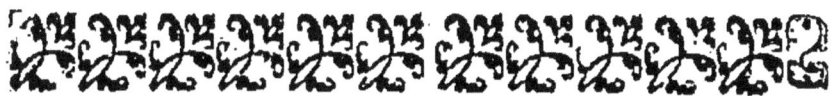

ACTEURS.

MONSIEUR JOURDAIN, Bourgeois.
MADAME JOURDAIN, fa Femme.
LUCILE, Fille de Monfieur Jourdain.
NICOLE, Servante.
CLEONTE, Amoureux de Lucile.
COVIELLE, Valet de Cleonte.
DORANTE, Comte, Amant de Dorimene.
DORIMENE, Marquife.
MAISTRE DE MUSIQUE.
ELEVE DU MAISTRE DE MUSIQUE.
MAISTRE A DANCER.
MAISTRE D'ARMES.
MAISTRE DE PHILOSOPHIE.
MAISTRE TAILLEUR.
GARCON TAILLEUR.
DEUX LAQUAIS.

PLUSIEURS MUSICIENS, MUSICIEN-
NES, JOUEURS D'INSTRUMENS,
DANCEURS, CUISINIERS, GARCONS
TAILLEURS, & autres Perfonnages des
Intermedes & du Ballet.

La Scene eſt à Paris.

LE
BOURGEOIS
GENTILHOMME.
COMEDIE-BALLET.

L'Ouverture se fait par un grand assemblage d'Instrumens ; & dans le milieu du Theatre, on voit un Eléve du Maître de Musique, qui compose sur une Table, un Air que le Bourgeois a demandé pour une Serenade.

ACTE PREMIER.

SCENE PREMIERE.

MAISTRE DE MUSIQUE,
MAISTRE A DANCER,
TROIS MUSICIENS,
DEUX VIOLONS,
QUATRE DANCEURS.

MAISTRE DE MUSIQUE

parlant à ses Musiciens.

ENEZ, entrez dans cette Salle, & vous reposez-là, en attendant qu'il vienne.

MAISTRE A DANCER

parlant aux Danceurs.

Et vous aussi, de ce costé.

MAISTRE DE MUSIQUE

à l'Eléve.

Est-ce fait ?

L'ELEVE.

Oüy.

MAISTRE DE MUSIQUE.

Voyons,.... Voila qui est bien.

GENTIL HOMME.

GENTIL HOMME. 3

MAISTRE A DANCER.
Est-ce quelque chose de nouveau?
MAISTRE DE MUSIQUE.
Oüy, c'est un Air pour une Serenade, que je
luy ay fait composer icy, en attendant que
nostre Homme fût éveillé.
MAISTRE A DANCER.
Peut-on voir ce que c'est?
MAISTRE DE MUSIQUE.
Vous l'allez entendre, avec le Dialogue, quand
il viendra. Il ne tardera guére.
MAISTRE A DANCER.
Nos occupations, à vous, & à moy, ne sont
pas petites maintenant.
MAISTRE DE MUSIQUE.
Il est vray. Nous avons trouvé icy un Homme
comme il nous le faut à tous deux. Ce nous est
une douce rente que ce Monsieur Jourdain,
avec les visions de Noblesse & de Galanterie
qu'il est allé se mettre en teste. Et vostre Dan-
ce, & ma Musique, auroient à souhaiter que
tout le Monde luy ressemblast.
MAISTRE A DANCER.
Non pas entierement; & je voudrois pour
luy, qu'il se connust mieux qu'il ne fait aux
choses que nous luy donnons.
MAISTRE DE MUSIQUE.
Il est vray qu'il les connoist mal, mais il les
paye bien; & c'est de quoy maintenant nos
Arts ont plus besoin, que de toute autre
chose.
MAISTE A DANCER.
Pour moy, je vous l'avouë, je me repais u

A ij

peu de gloire. Les aplaudiſſemens me tou-
chent ; & je tiens que dans tous les beaux
Arts , c'eſt un ſuplice aſſez faſcheux , que de
ſe produire à des Sots ; que d'eſſuyer ſur des
Compoſitions , la barbarie d'un Stupide. Il y
a plaiſir , ne m'en parlez point , à travailler
pour des Perſonnes qui ſoient capables de ſen-
tir les délicateſſes d'un Art ; qui ſçachent faire un doux accueil aux beautez d'un Ouvra-
ge ; & par de chatoüillantes aprobations, vous
régaler de voſtre travail. Oüy , la récompen-
ſe la plus agreable qu'on puiſſe recevoir des
choſes que l'on fait , c'eſt de les voir con-
nuës ; de les voir careſſées d'un aplaudiſſement
qui vous honore. Il n'y a rien , à mon avis,
qui nous paye mieux que cela de toutes nos
fatigues ; & ce ſont des douceurs exquiſes ,
que des loüanges éclairées.

MAISTRE DE MUSIQUE.

J'en demeure d'accord , & je les goûte comme vous. Il n'y a rien aſſurément qui cha-
toüille davantage que les aplaudiſſemens que
vous dites ; mais cet Encens ne fait pas vivre.
Des loüanges toutes pures , ne mettent point
un Homme à ſon aiſe : Il y faut meſler du
ſolide ; & la meilleure façon de loüer , c'eſt
de loüer avec les mains. C'eſt un Homme , à la verité , dont les lumieres ſont
petites , qui parle à tort & à travers de
toutes choſes , & n'aplaudit qu'à contre-ſens ;
mais ſon argent redreſſe les jugemens de ſon
Eſprit. Il a du diſcernement dans ſa bourſe :
Ses loüanges ſont monnoyées ; & ce Bour-

geois ignorant, nous vaut mieux, comme vous
voyez, que le grand Seigneur éclairé qui nous
a introduits icy.

MAISTRE A DANCER.

Il y a quelque chose de vray dans ce que
vous dites ; mais je trouve que vous apuyez un
peu trop sur l'argent ; & l'interest est quelque chose de si bas, qu'il ne faut jamais qu'un
honneste Homme montre pour luy de l'atta-
chement.

MAISTRE DE MUSIQUE.

Vous recevez fort bien pourtant l'argent que
nostre Homme vous donne.

MAISTRE A DANCER.

Assurément ; mais je n'en fais pas tout mon
bonheur, & je voudrois qu'avec son bien, il
eust encore quelque bon goust des choses.

MAISTRE DE MUSIQUE.

Je le voudrois aussi, & c'est à quoy nous tra-
vaillons tous deux autant que nous pouvons.
Mais en tout cas il nous donne moyen de nous
faire connoistre dans le Monde ; & il payera
pour les autres, ce que les autres loüeront
pour luy.

MAISTRE A DANCER.

Le voila qui vient.

SCENE II.

MONSIEUR JOURDAIN,
DEUX LAQUAIS, MAISTRE
DE MUSIQUE, MAISTRE A
DANCER, VIOLONS, MUSIC.
& DANCEURS.

MONSIEUR JOURDAIN.

HE' bien, Messieurs? Qu'est-ce? Me ferez-vous voir vostre petite drôlerie ?

MAISTRE A DANCER.

Comment ? Quelle petite drôlerie ?

MONSIEUR JOURDAIN.

Eh la .... comment appellez-vous cela? Vôtre Prologue, ou Dialogue de Chansons & de Dance.

MAISTRE A DANCER.

Ah, ah.

MAISTRE DE MUSIQUE.

Vous nous y voyez préparez.

MONSIEUR JOURDAIN.

Je vous ay fait un peu attendre, mais c'est que je me fais habiller aujourd'huy comme les Gens de Qualité; & mon Tailleur m'a envoyé des bas de soye que j'ay pensé ne mettre jamais.

MAISTRE DE MUSIQUE.

Nous ne sommes icy que pour attendre vostre loisir.

MONSIEUR JOURDAIN.
Je vous prie tous deux de ne vous point en aller, qu'on ne m'ait apporté mon Habit, afin que vous me puissiez voir.

MAISTRE A DANCER.
Tout ce qu'il vous plaira.

MONSIEUR JOURDAIN.
Vous me verrez équipé comme il faut, depuis les pieds jusqu'à la teste.

MAISTRE DE MUSIQUE.
Nous n'en doutons point.

MONSIEUR JOURDAIN.
Je me suis fait faire cette Indienne-cy.

MAISTRE A DANCER.
Elle est fort belle.

MONSIEUR JOURDAIN.
Mon Tailleur m'a dit que les Gens de Qualité estoient comme cela le matin.

MAISTRE DE MUSIQUE.
Cela vous sied à merveille.

MONSIEUR JOURDAIN.
Laquais, hola, mes deux Laquais.

1. LAQUAIS.
Que voulez-vous, Monsieur?

MONSIEUR JOURDAIN.
Rien. C'est pour voir si vous m'entendez bien.
Aux deux Maistres. Que dites-vous de mes Livrées?

MAISTRE A DANCER.
Elles sont magnifiques.

MONSIEUR JOURDAIN.

Il entr'ouvre sa Robe, & fait voir un Haut-de-chauf-

A iiij

se étroit de velours rouge, & une Camisole de velours vert, dont il est vestu.

Voicy encore un petit Des-habillé pour faire le matin mes Exercices.

MAISTRE DE MUSIQUE.

Il est galant.

MONSIEUR JOURDAIN.

Laquais.

1. LAQUAIS.

Monsieur.

MONSIEUR JOURDAIN.

L'autre Laquais.

2. LAQUAIS.

Monsieur.

MONSIEUR JOURDAIN.

Tenez ma Robe. Me trouvez-vous bien comme cela ?

MAISTRE A DANCER.

Fort bien. On ne peut pas mieux.

MONSIEUR JOURDAIN.

Voyons un peu vostre affaire.

MAISTRE DE MUSIQUE.

JE voudrois bien auparavant vous faire entendre un Air qu'il vient de composer pour la Serenade que vous m'avez demandée. C'est un de mes Ecoliers, qui a pour ces sortes de choses un talent admirable.

MONSIEUR JOURDAIN.

Oüy ; mais il ne falloit pas faire faire cela par un Ecolier ; & vous n'estiez pas trop bon vous-mesme pour cette besongne-là.

MAISTRE DE MUSIQUE.

Il ne faut pas, Monsieur, que le nom d'Ecolier

GENTILHOMME. 9

vous abuse. Ces sortes d'Ecoliers en sçavent autant que les plus grands Maistres, & l'Air est aussi beau qu'il s'en puisse faire. Ecoutez seulement.

MONSIEUR JOURDAIN.

Donnez-moy ma Robe pour mieux entendre... Attendez, je croy que je seray mieux sans Robe.... Non, redonnez-la-moy, cela ira mieux.

MUSICIEN chantant.

JE languis nuit & jour, & mon mal est extréme,
Depuis qu'à vos rigueurs vos beaux yeux m'ont
  soûmis :
Si vous traitez ainsi, belle Iris, qui vous aime,
Helas ! que pourriez-vous faire à vos ennemis ?

MONSIEUR JOURDAIN.

Cette Chanson me semble un peu lugubre, elle endort, & je voudrois que vous la pussiez un peu ragaillardir par-cy, par-là.

MAISTRE DE MUSIQUE.

Il faut, Monsieur, que l'Air soit accommodé aux Paroles.

MONSIEUR JOURDAIN.

On m'en aprit un tout-à-fait joly il y a quelque temps. Attendez... La... Comment est-ce qu'il dit ?

MAISTE A DANCER.

Par ma foy, je ne sçay.

MONSIEUR JOURDAIN.

Il y a du Mouton dedans.

MAISTRE A DANCER.

Du Mouton ?

A v

MONSIEUR JOURDAIN,

Oüy. Ah.   *M. Jourdain chante.*

> JE croyois *Janneton*
> *Aussi douce que belle ;*
> *Je croyois Janneton*
> *Plus douce qu'un Mouton :*
>   *Helas ! helas !*
> *Elle est cent fois , mille fois plus cruelle ,*
>   *Que n'est le Tygre aux Bois.*

N'est-il pas joly ?

MAISTRE DE MUSIQUE.
Le plus joly du monde.

MAISTRE A DANCER.
Et vous le chantez bien.

MONSIEUR JOURDAIN.
C'est sans avoir apris la Musique.

MAISTRE DE MUSIQUE.
Vous devriez l'aprendre, Monsieur, comme vous faites la Dance. Ce sont deux Arts qui ont une étroite liaison ensemble.

MAISTRE A DANCER.
Et qui ouvrent l'esprit d'un Homme aux belles choses.

MONSIEUR JOURDAIN.
Est-ce que les Gens de Qualité aprennent aussi la Musique ?

MAISTRE DE MUSIQUE.
Oüy, Monsieur.

MONSIEUR JOURDAIN.
Je l'apprendray donc. Mais je ne sçay quel temps je pouray prendre ; car outre le Maître

d'Armes qui me montre, j'ay arresté encore
un Maistre de Philosophie qui doit commencer ce matin.

MAISTRE DE MUSIQUE.

La Philosophie est quelque chose ; mais la
Musique, Monsieur, la Musique....

MAISTRE A DANCER.

La Musique & la Dance.... La Musique & la
Dance, c'est-là tout ce qu'il faut.

MAISTRE DE MUSIQUE.

Il n'y a rien qui soit si utile dans un Etat, que
la Musique.

MAISTRE A DANCER.

Il n'y a rien qui soit si necessaire aux Hommes, que la Dance.

MAISTRE DE MUSIQUE.

Sans la Musique, un Etat ne peut subsister.

MAISTRE A DANCER.

Sans la Dāce, un Hōme ne sçauroit rien faire.

MAISTRE DE MUSIQUE.

Tous les desordres, toutes les guerres qu'on
voit dans le Monde, n'arrivent que pour n'a-
prendre pas la Musique.

MAISTRE A DANCER.

Tous les malheurs des Hommes, tous les re-
vers funestes, dont les Histoires sont remplies,
les béveuës des Politiques, & les manquemens
des grands Capitaines, tout cela n'est venu
que faute de sçavoir dancer.

MONSIEUR JOURDAIN.

Comment cela ?

MAISTRE DE MUSIQUE.

La Guerre ne vient-elle pas d'un manque d'union entre les Hommes ?

MONSIEUR JOURDAIN.

Cela eft vray.

MAISTRE DE MUSIQUE.

Et fi tous les Hommes aprenoient la Mufique, ne feroit-ce pas le moyen de s'accorder enfemble, & de voir dans le Monde la Paix univerfelle ?

MONSIEUR JOURDAIN.

Vous avez raifon.

MAISTRE A DANCER.

Lors qu'un Homme a commis un Manquement dans fa conduite, foit aux Affaires de fa Famille, ou au Gouvernement d'un Etat, ou au Commandement d'une Armée, ne dit on pas toujours, un Tel a fait un mauvais pas dans une telle Affaire ?

MONSIEUR JOURDAIN.

Oüy, on dit cela.

MAISTRE A DANCER.

Et faire un mauvais pas, peut-il proceder d'autre chofe que de ne fçavoir pas dancer ?

MONSIEUR JOURDAIN.

Cela eft vray, vous avez raifon tous deux.

MAISTRE A DANCER.

C'eft pour vous faire voir l'excellence & l'utilité de la Dance & de la Mufique.

MONSIEUR JOURDAIN.

Je comprens cela à cette heure.

MAISTRE DE MUSIQUE.

Voulez-vous voir nos deux Affaires ?

MONSIEUR JOURDAIN.

Oüy.

MAISTRE DE MUSIQUE.
Je vous l'ay déja dit, c'est un petit essay que
j'ay fait autrefois des diverses passions que peut
exprimer la Musique.

MONSIEUR JOURDAIN.
Fort-bien.

MAISTRE DE MUSIQUE.
Allons, avancez. Il faut vous figurer qu'ils
sont habillez en Bergers.

MONSIEUR JOURDAIN.
Pourquoy toûjours des Bergers ? On ne voit
que cela par tout.

MAISTRE A DANCER.
Lors qu'on a des Personnes à faire parler en
Musique, il faut bien que pour la vray-sem-
blance on donne dans la Bergerie. Le Chant a
esté de tout temps affecté aux Bergers ; & il
n'est guere naturel en Dialogue, que des Prin-
ces, ou des Bourgeois, chantent leurs passions.

MONSIEUR JOURDAIN.
Passe, passe. Voyons.

DIALOGUE EN MUSIQUE.

UNE MUSICIENNE, ET DEUX MUSICIENS.

UN cœur dans l'amoureux Empire,
De mille soins est toûjours agité.
On dit qu'avec plaisir on languit, on soûpire ;
Mais quoy qu'on puisse dire.
Il n'est rien de si doux que nostre liberté.

1. MUSICIEN.
Il n'est rien de si doux que les tendres ardeurs

Qui font vivre deux cœurs
Dans une mefme envie :
On ne peut eftre heureux fans amoureux defirs ;
Oftez l'amour de la vie,
Vous en oftez les plaifirs.

2. MUSICIEN.

Il feroit doux d'entrer fous l'amoureufe Loy,
Si l'on trouvoit en l'Amour de la foy :
Mais helas ! ô rigueur cruelle,
On ne voit point de Bergere fidelle ;
Et ce Sexe inconftant, trop indigne du jour,
Doit faire pour jamais renoncer à l'Amour.

1. MUSICIEN.

Aimable ardeur !

MUSICIENNE.

Franchife heureufe !

2. MUSICIEN.

Sexe trompeur !

1. MUSICIEN.

Que tu m'es precieufe !

MUSICIENNE.

Que tu plais à mon cœur !

2. MUSICIEN.

Que tu me fais d'horreur !

1. MUSICIEN.

Ah ! quitte pour aimer, cette haine mortelle !

MUSICIENNE.

On peut, on peut te montrer
Une Bergere fidelle.

2. MUSICIEN.

Helas ! où la rencontrer ?

MUSICIENNE.

Pour defendre noftre gloire,

GENTILHOMME.   15
Je te veux offrir mon cœur.
2. MUSICIEN.
Mais, Bergere, puis je croire
Qu'il ne sera point trompeur ?
MUSICIENNE.
Voyons par experience
Qui des deux aimera mieux.
2. MUSICIEN.
Qui manquera de constance,
Le puissent perdre les Dieux.
TOUS TROIS.
A des ardeurs si belles
Laissons nous enflâmer ;
Ah ! qu'il est doux d'aimer,
Quand deux cœurs sont fidelles !

MONSIEUR JOURDAIN.
Est-ce tout ?
MAISTRE DE MUSIQUE.
Oüy.
MONSIEUR JOURDAIN.
Je trouve cela bien troussé, & il y a là-dedans
de petits dictons assez jolis.
MAISTRE A DANCER.
Voicy pour mon affaire, un petit essay des
plus beaux mouvemens, & des plus belles
aptitudes dont une Dance puisse estre variée.
MONSIEUR JOURDAIN.
Sont-ce encore des Bergers ?
MAISTRE A DANCER.
C'est ce qu'il vous plaira. Allons.

Quatre Danceurs executent tous les mouvemens diferens, & toutes les fortes de pas que le Maiſtre à dancer leur commande : Et cette Dance fait le premier Intermede.

Fin du premier Acte.

ACTE II.

SCENE PREMIERE.

MONSIEUR JOURDAIN,
MAISTRE DE MUSIQUE,
MAISTRE A DANCER,
LAQUAIS.

MONSIEUR JOURDAIN.

VOILA qui n'est point sot, & ces Gens-là se trémoussent bien.

MAISTRE DE MUSIQUE.
Lors que la Dance sera meslée avec la Musique, cela fera plus d'effet encore, & vous verrez quelque chose de galant dans le petit Ballet que nous avons ajusté pour vous.

MONSIEUR JOURDAIN.
C'est pour tantost au moins ; & la Personne pour qui j'ay fait faire tout cela , me doit faire l'honneur de venir disner ceans.

MAISTRE A DANCER.
Tout est prest.

MAISTRE DE MUSIQUE.
Au reste, Monsieur, ce n'est pas assez, il faut qu'une Personne comme vous, qui estes magnifique, & qui avez de l'inclination pour les bel-

les chofes , ait un Concert de Mufique chez
foy tous les Mercredis, ou tous les Jeudis.

MONSIEUR JOURDAIN.

Eſt-ce que les Gens de Qualité en ont ?

MAISTRE DE MUSIQUE.

Oüy , Monfieur.

MONSIEUR JOURDAIN.

J'en auray donc. Cela fera-t-il beau ?

MAISTRE DE MUSIQUE.

Sans doute. Il vous faudra trois Voix , un
Deſſus , une Haute-Contre , & une Baſſe , qui
feront accompagnées d'une Baſſe de Viole ,
d'un Theorbe , & d'un Claveſſin pour les Baſ-
fes continuës , avec deux Deſſus de Violon
pour joüer les Ritornelles.

MONSIEUR JOURDAIN.

Il y faudra mettre auſſi une Trompette Marine. La Trompette Marine eſt un Inſtrument
qui me plaiſt , & qui eſt harmonieux.

MAISTRE DE MUSIQUE.

Laiſſez-nous gouverner les chofes.

MONSIEUR JOURDAIN.

Au moins , n'oubliez pas tantoſt de m'envoyer
des Muficiens , pour chanter à Table.

MAISTRE DE MUSIQUE.

Vous aurez tout ce qu'il vous faut.

MONSIEUR JOURDAIN.

Mais furtout , que le Ballet foit beau.

MAISTRE DE MUSIQUE.

Vous en ferez content , & entr'autres chofes de
certains Menüets que vous y verrez.

MONSIEUR JOURDAIN.

Ah les Menüets font ma Dance , & je veux que

vous me les voyez dancer. Allons, mon
Maiftre.

MAISTRE A DANCER.

Un Chapeau, Monfieur, s'il vous plaift. La,
la, la; La, la, la, la, la, la; La, la, la, *bis*;
La, la, la; La, la. En cadence, s'il vous plaift.
La, la, la, la. La jambe droite. La, la, la. Ne
remuez point tant les épaules. La, la, la, la,
la; La, la, la, la, la. Vos deux bras font
eftropiez. La, la, la, la, la. Hauffez la tefte.
Tournez la pointe du pied en dehors. La, la,
la. Dreffez voftre corps.

MONSIEUR IOURDAIN.

Euh ?

MAISTRE DE MUSIQUE.

Voila qui eft le mieux du monde.

MONSIEUR JOURDAIN.

A propos. Aprenez-moy comme il faut faire
une Reverence pour faliier une Marquife; j'en
auray befoin tantoft.

MAISTRE A DANCER.

Une Reverence pour faliier une Marquife ?

MONSIEUR JOURDAIN.

Oiiy. Une Marquife qui s'apelle Dorimene.

MAISTRE A DANCER.

Donnez-moy la main.

MONSIEUR JOURDAIN.

Non. Vous n'avez qu'à faire, je le retiendray
bien.

MAISTRE A DANCER.

Si vous voulez la faliier avec beaucoup de refpect, il faut faire d'abord une Reverence en
arriere, puis marcher vers elle avec trois Re-

verences en avant, & à la derniere vous baif-
fer jufqu'à fes genoux.

MONSIEUR JOURDAIN.
Faites un peu ? Bon.

1. LAQUAIS.
Monfieur, voila voftre Maiftre d'Armes qui
eft là.

MONSIEUR IOURDAIN.
Dy-luy qu'il entre icy pour me donner Leçon.
Je veux que vous me voyez faire.

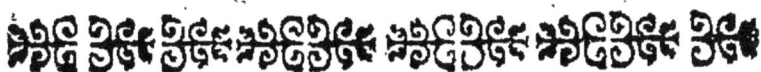

SCENE II.

MAISTRE D'ARMES,
MAISTRE DE MUSIQUE,
MAISTRE A DANCER,
MONSIEUR JOURDAIN,
2. LAQUAIS.

MAISTRE D'ARMES *apres luy avoir
mis le Fleuret à la main.*

ALlons, Monfieur, la reverence. Voftre
corps droit. Un peu panché fur la cuiffe
gauche. Les jambes point tant écartées. Vos
pieds fur une mefme ligne. Voftre poignet à
l'oppofite de voftre hanche. La pointe de voftre
Epée vis-à-vis de voftre épaule. Le bras pas
tout-à-fait fi étendu. La main gauche à la hau-
teur de l'œil. L'épaule gauche plus quarrée. La
tefte droite. Le regard affuré. Avancez. Le

corps ferme. Touchez-moy l'Epée de quarte,
& achevez de mesme. Une, Deux. Remettez-
vous. Redoublez de pied ferme. Un saut en arriere. Quand vous portez la Botte, Monsieur,
il faut que l'Epée parte la premiere, & que le
corps soit bien effacé. Une, Deux. Allons, touchez-moy l'Epée de tierce, & achevez de mesme. Avancez. Le corps ferme. Avancez. Par-
tez de là. Une, Deux. Remettez-vous. Redoublez. Un saut en arriere. En garde, Monsieur,
en garde.

Le Maistre d'Armes luy pousse deux ou trois Bottes,
en luy disant, En garde.

MONSIEUR JOURDAIN.
Euh ?

MAISTRE DE MUSIQUE.
Vous faites des merveilles.

MAISTRE D'ARMES.
Je vous l'ay déja dit ; tout le secret des Armes
ne consiste qu'en deux choses, à donner, & à
ne point recevoir : Et comme je vous fis voir
l'autre jour par raison démonstrative, il est
impossible que vous receviez, si vous sçavez
détourner l'Epée de vostre Ennemy de la ligne
de vostre corps ; ce qui ne dépend seulement
que d'un petit mouvement du poignet, ou en
dedans, ou en dehors.

MONSIEUR JOURDAIN.
De cette façon donc un Homme, sans avoir du
cœur, est seur de tuer son Homme, & de n'ê-
tre point tué.

MAISTRE D'ARMES.

Sans doute. N'en vistes-vous pas la démonstration ?

MONSIEUR JOURDAIN.

Oüy.

MAISTRE D'ARMES.

Et c'est en quoy l'on voit de quelle consideration nous autres nous devons estre dans un Etat, & combien la Science des Armes l'emporte hautement sur toutes les autres Sciences inutiles, comme la Dance, la Musique, la....

MAISTRE A DANCER.

Tout-beau, Monsieur le Tireur d'Armes. Ne parlez de la Dance qu'avec respect.

MAISTRE DE MUSIQUE.

Aprenez, je vous prie, à mieux traitter l'excellence de la Musique.

MAISTRE D'ARMES.

Vous estes de plaisantes Gens, de vouloir comparer vos Sciences à la mienne !

MAISTRE DE MUSIQUE.

Voyez un peu l'Homme d'importance !

MAISTRE A DANCER.

Voila un plaisant Animal, avec son Plastron !

MAISTRE D'ARMES.

Mon petit Maistre à Dancer, je vous ferois dancer comme il faut. Et vous, mon petit Musicien, je vous ferois chanter de la belle maniere.

MAISTRE A DANCER.

Monsieur le Batteur de Fer, je vous aprendray vostre Mestier.

MONSIEUR JOURDAIN
au Maiſtre à Dancer.

Eſtes-vous fou de l'aller quereller, luy qui entend la tierce & la quarte, & qui ſçait tuer un
Homme par raiſon démonſtrative ?

MAISTRE A DANCER.

Je me moque de ſa raiſon démonſtrative, & de
ſa tierce, & de ſa quarte.

MONSIEUR JOURDAIN.

Tout-doux, vous dis-je.

MAISTRE D'ARMES.

Comment ? petit Impertinent.

MONSIEUR JOURDAIN.

Eh mon Maiſtre d'Armes.

MAISTRE A DANCER.

Comment ? grand Cheval de Caroſſe.

MONSIEUR JOURDAIN.

Eh mon Maiſtre à Dancer.

MAISTRE D'ARMES.

Si je me jette ſur vous...

MONSIEUR JOURDAIN.

Doucement.

MAISTRE A DANCER.

Si je mets ſur vous la main...

MONSIEUR JOURDAIN.

Tout-beau.

MAISTRE D'ARMES.

Je vous étrilleray d'un air....

MONSIEUR JOURDAIN.

De grace.

MAISTRE A DANCER.

Je vous roſſeray d'une maniere....

MONSIEUR JOURDAIN.

Je vous prie.

MAISTRE DE MUSIQUE.

Laiſſez-nous un peu luy aprendre à parler.

MONSIEUR JOURDAIN.

Mon Dieu, arreſtez vous.

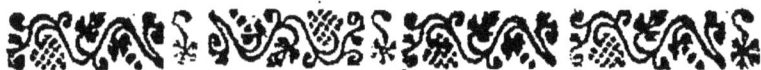

SCENE III.

MAISTRE DE PHILOSOPHIE,
MAISTRE DE MUSIQUE,
MAISTRE A DANCER,
MAISTRE D'ARMES, MONSIEUR
JOURDAIN, LAQUAIS.

MONSIEUR JOURDAIN.

HOla, Monſieur le Philoſophe, vous ar-
rivez tout à propos avec voſtre Philoſo-
phie. Venez un peu mettre la Paix entre ces
Perſonnes-cy.

MAISTRE DE PHILOSOPHIE.

Qu'eſt-ce donc ? Qu'y a-t-il, Meſſieurs ?

MONSIEUR JOURDAIN.

Ils ſe ſont mis en colere pour la preference de
leurs Profeſſions, juſqu'à ſe dire des injures,
& en vouloir venir aux mains.

MAISTRE DE PHILOSOPHIE.

Hé quoy, Meſſieurs, faut-il s'emporter de la
ſorte ? & n'avez-vous point leu le docte Trait-
té que Seneque a compoſé, de la Colere ? Y a-
t-il

t-il rien de plus bas & de plus honteux, que cette paſſion, qui fait d'un Homme une Beſte feroce? Et la Raiſon ne doit-elle pas eſtre maîtreſſe de tous nos mouvemens?

MAISTRE A DANCER.

Comment, Monſieur, il vient nous dire des injures à tous deux, en mépriſant la Dance que j'exerce, & la Muſique dont il fait profeſſion.

MAISTRE DE PHILOSOPHIE.

Un Homme ſage eſt au deſſus de toutes les injures qu'on luy peut dire; & la grande réponſe qu'on doit faire aux outrages, c'eſt la moderation, & la patience.

MAISTRE D'ARMES.

Ils ont tous deux l'audace, de vouloir comparer leurs Profeſſions à la mienne.

MAISTRE DE PHILOSOPHIE.

Faut-il que cela vous émeuve? Ce n'eſt pas de vaine gloire, & de condition, que les Hommes doivent diſputer entr'eux; & ce qui nous diſtingue parfaitement les uns des autres, c'eſt la Sageſſe, & la Vertu.

MAISTRE A DANCER.

Je luy ſoûtiens que la Dance eſt une Science à laquelle on ne peut faire aſſez d'honneur.

MAISTRE DE MUSIQUE.

Et moy, que la Muſique en eſt une que tous les Siecles ont reverée.

MAISTRE D'ARMES.

Et moy, je leur ſoûtiens à tous deux, que la Science de tirer des Armes, eſt la plus belle & la plus neceſſaire de toutes les Sciences.

B

MAISTRE DE PHILOSOPHIE.

Et que fera donc la Philofophie ? Je vous trouvé tous trois bien impertinens , de parler devant moy avec cette arrogance ; & de donner
impudemment le nom de Science à des chofes
que l'on ne doit pas mefme honorer du nom
d'Art , & qui ne peuvent eftre comprifes que
fous le nom de Meftier miferable de Gladia-
teur , de Chanteur . & de Baladin .

MAISTRE D'ARMES.

Allez , Philofophe de chien.

MAISTRE DE MUSIQUE.

Allez , Beliftre de Pédant.

MAISTRE A DANCER.

Allez , Cuiftre fieffé.

MAISTE DE PHILOSOPHIE.

Comment ? Marauts que vous eftes....

Le Philofophe fe jette fur eux , & tous trois le char-
gent de coups , & fortent en fe battant.

MONSIEUR JOURDAIN.

Monfieur le Philofophe.

MAISTRE DE PHILOSOPHIE.

Infames ! coquins ! infolens !

MONSIEUR JOURDAIN.

Monfieur le Philofophe.

MAISTRE D'ARMES.

La pefte l'Animal.

MONSIEUR JOURDAIN.

Meffieurs.

MAISTRE DE PHILOSOPHIE.

Impudens !

MONSIEUR JOURDAIN.

Monsieur le Philosophe.

MAISTRE A DANCER.

Diantre soit de l'Asne basté.

MONSIEUR JOURDAIN.

Messieurs.

MAISTRE DE PHILOSOPHIE.

Scelerats !

MONSIEUR JOURDAIN,

Monsieur le Philosophe.

MAISTRE DE MUSIQUE.

Au Diable l'impertinent.

MONSIEUR JOURDAIN.

Messieurs.

MAISTRE DE PHILOSOPHIE.

Fripons ! gueux ! traistres ! imposteurs !

Ils sortent.

MONSIEUR JOURDAIN.

Monsieur le Philosophe, Messieurs, Monsieur
le Philosophe, Messieurs, Monsieur le Philosophe. Oh battez vous tant qu'il vous plaira ,
je n'y sçaurois que faire , & je n'iray pas gas-
ter ma Robe pour vous separer. Je serois bien
fou , de m'aller fourer parmy eux , pour recevoir quelque coup qui me feroit mal.

SCENE IV.

MAISTRE DE PHILOSOPHIE,
MONSIEUR JOURDAIN,
MAISTRE DE PHILOSOPHIE
en raccommodant son Colet.

Venons à nostre Leçon.

MONSIEUR JOURDAIN.

Ah! Monsieur. je suis fâché des coups qu'ils
vous ont donné.

MAISTRE DE PHILOSOPHIE.

Cela n'est rien. Un Philosophe sçait recevoir
comme il faut les choses, & je vay composer
contr'eux une Satyre du style de Juvenal, qui
les déchirera de la belle façon. Laissons cela.
Que voulez-vous aprendre?

MONSIEUR JOURDAIN.

Tout ce que je pouray, car j'ay toutes les en-
vies du monde d'estre sçavant, & j'enrage que
mon Pere & ma Mere ne m'ayent pas fait
bien étudier dans toutes les Sciences, quand
j'estois jeune.

MAISTRE DE PHILOSOPHIE.

Ce sentiment est raisonnable, Nam sine doc-
trina vita est quasi mortis imago. Vous entendez cela, & vous sçavez le Latin sans doute.

MONSIEUR JOURDAIN.

Oüy, mais faites comme si je ne le sçavois pas.
Expliquez-moy ce que cela veut dire.

MAISTRE DE PHILOSOPHIE.

Cela veut dire que sans la Science, la Vie est presque une image de la Mort.

MONSIEUR JOURDAIN.

Ce Latin-là a raison.

MAISTRE DE PHILOSOPHIE.

N'avez-vous point quelques principes, quelques commencemens des Sciences ?

MONSIEUR JOURDAIN.

Oh oüy, je sçay lire & écrire.

MAISTRE DE PHILOSOPHIE.

Par où vous plaist-il que nous commencions ? Voulez-vous que je vous aprenne la Logique ?

MONSIEUR JOURDAIN.

Qu'est-ce que c'est que cette Logique ?

MAISTRE DE PHILOSOPHIE.

C'est elle qui enseigne les trois operations de l'Esprit.

MONSIEUR JOURDAIN.

Qui sont elles, ces trois operations de l'Esprit?

MAISTRE DE PHILOSOPHIE.

La premiere, la seconde, & la troisiéme. La premiere est, de bien concevoir par le moyen des Universaux. La seconde, de bien juger par le moyen des Cathegories : Et la troisiéme, de bien tirer une consequence par le moyen des Figures. Barbara, Celarent, Darii, Ferio, Baralipton, &c.

MONSIEUR JOURDAIN.

Voila des mots qui sont trop rebarbatifs. Cette Logique-là ne me revient point. Aprenons autre chose qui soit plus joly.

B iij

MAISTRE DE PHILOSOPHIE.

Voulez-vous aprendre la Morale?

MONSIEUR JOURDAIN.

La Morale?

MAISTRE DE PHILOSOPHIE.

Oüy.

MONSIEUR JOURDAIN.

Qu'eſt-ce qu'elle dit cette Morale?

MAISTRE DE PHILOSOPHIE.

Elle traitte de la Felicité ; Enſeigne aux Hommes à moderer leurs paſſions , &....

MONSIEUR JOURDAIN.

Non , laiſſons cela. Je ſuis bilieux comme tous
les Diables ; & il n'y a Morale qui tienne , je
me veux mettre en colere tout mon ſaoul,
quand il m'en prend envie.

MAISTRE DE PHILOSOPHIE.

Eſt-ce la Phyſique que vous voulez aprendre?

MONSIEUR JOURDAIN.

Qu'eſt-ce qu'elle chante cette Phyſique?

MAISTRE DE PHILOSOPHIE.

La Phyſique eſt celle qui explique les principes des choſes naturelles , & les proprietez du
Corps ; Qui diſcourt de la nature des Elemens,
des Métaux , des Mineraux , des Pierres, des
Plantes, & des Animaux , & nous enſeigne les
cauſes de tous les Méteores, l'Arc-en Ciel , les
Feux volans , les Cométes , les Eclairs, le Ton-
nerre , la Foudre, la Pluye , la Neige, la Greſ-
le , les Vents, & les Tourbillons.

MONSIEUR JOURDAIN.

Il y a trop de tintamare là-dedans , trop de
broüillamini.

MAISTRE. DE PHILOSOPHIE.
Que voulez-vous donc que je vous aprenne ?

MONSIEUR JOURDAIN.
Aprenez-moy l'Ortographe.

MAISTRE DE PHILOSOPHIE.
Tres-volontiers.

MONSIEUR JOURDAIN.
Apres vous m'aprendrez l'Almanach, pour sçavoir quand il y a de la Lune , & quand il n'y
en a point.

MAISTRE DE PHILOSOPHIE.
Soit. Pour bien suivre voître pensée , & traitter cette matiere en Philosophe , il faut commencer selon l'ordre des choses , par une exac-
te connoissance de la nature des Lettres , & de
la diferente maniere de les prononcer toutes. Et
là-dessus j'ay à vous dire , que les Lettres sont
divisées en voyelles , ainsi dites voyelles, parce
qu'elles expriment les voix ; & en consonnes,
ainsi apellées consonnes, parce qu'elles son-
nent avec les voyelles , & ne font que marquer
les diverses articulations des voix. Il y a cinq
voyelles , ou voix , A, E, I, O, V.

MONSIEUR JOURDAIN.
J'entens tout cela.

MAISTRE DE PHILOSOPHIE.
La voix , A, se forme en ouvrant fort la bouche , A.

MONSIEUR JOURDAIN.
A, A, oüy.

MAISTRE DE PHILOSOPHIE.
La voix, E, se forme en r'aprochant la machoire d'enbas de celle d'enhaut, A, E.

B iiij

MONSIEUR JOURDAIN.

A, E, A, E Ma foy oüy. Ah que cela eſt beau !

MAISTRE DE PHILOSOPHIE.

Et la voix, I, en r'aprochant encore davantage les machoires l'une de l'autre , & écartant les deux coins de la bouche vers les oreilles, A, E, I.

MONSIEUR JOURDAIN.

A, E, I, I, I, I. Cela eſt vray. Vive la Science.

MAISTRE DE PHILOSOPHIE.

La voix, O, ſe forme en r'ouvrant les machoi-res, & r'aprochant les levres par les deux coins, le haut & le bas, O.

MONSIEUR JOURDAIN.

O, O. Il n'y a rien de plus juſte. A, E, I, O, I, O. Cela eſt admirable ! I, O, I, O.

MAISTRE DE PHILOSOPHIE.

L'ouverture de la bouche fait juſtement com-me un petit rond qui repreſente un O.

MONSIEUR JOURDAIN.

O, O, O. Vous avez raiſon, O. Ah la belle choſe, que de ſçavoir quelque choſe !

MAISTRE DE PHILOSOPHIE.

La voix, V, ſe forme en r'aprochant les dents ſans les joindre entierement, & allongeant les deux levres en dehors, les aprochant auſſi l'u-ne de l'autre ſans les joindre tout-à-fait, V.

MONSIEUR JOURDAIN.

V, V. Il n'y a rien de plus veritable, V.

MAISTRE DE PHILOSOPHIE.

Vos deux levres s'allongent comme ſi vous faiſiez la mouë : D'où vient que ſi vous la vou-lez faire à quelqu'un , & vous moquer de luy, vous ne ſçauriez luy dire que V.

MONSIEUR JOURDAIN.

V, V. Cela est vrai. Ah que n'ai-je étudié plûtost, pour sçavoir tout cela !

MAISTRE DE PHILOSOPHIE.

Demain, nous verrons les autres Lettres, qui
sont les consonnes.

MONSIEUR JOURDAIN.

Est-ce qu'il y a des choses aussi curieuses qu'à
celles-cy ?

MAISTRE DE PHILOSOPHIE.

Sans doute. La consonne, D, par exemple, se
prononce en donnant du bout de la langue au
dessus des dents d'enhaut, DA.

MONSIEUR JOURDAIN.

DA, DA. Oüy. Ah les belles choses ! les belles
choses !

MAISTRE DE PHILOSOPHIE.

L'F, en apuyant les dents d'enhaut sur la levre
de dessous, FA.

MONSIEUR JOURDAIN.

FA, FA. C'est la verité. Ah mon Pere & ma
Mere, que je vous veux de mal !

MAISTRE DE PHILOSOPHIE.

Et l'R, en portant le bout de la langue jusqu'au haut du palais ; de sorte qu'estant frolée
par l'air qui sort avec force, elle lui cede, &
revient toûjours au mesme endroit, faisant une
maniere de tremblement, R r a

MONSIEUR JOURDAIN.

R, r, ra ; R, r, r, r, r, ra. Cela est vrai. Ah l'ha-
bile Homme que vous estes ! & que j'ai perdu
de temps ! R, r, r, ra.

B v

MAISTRE DE PHILOSOPHIE.
Je vous expliquerai à fond toutes ces cu-
riofitez.

MONSIEUR JOURDAIN.
Je vous en prie. Au reste il faut que je vous faffe une confidence. Je fuis amoureux d'une Perfonne de grande qualité, & je fouhaiterois que
vous m'aidaffiez à lui écrire quelque chofe
dans un petit Billet que je veux laiffer tomber
à fes pieds.

MAISTRE DE PHILOSOPHIE.
Fort-bien.

MONSIEUR JOURDAIN.
Cela fera galant, oüy.

MAISTRE DE PHILOSOPHIE.
Sans doute. Sont-ce des Vers que vous lui voulez écrire ?

MONSIEUR JOURDAIN.
Non, non, point de Vers.

MAISTRE DE PHILOSOPHIE.
Vous ne voulez que de la Profe ?

MONSIEUR JOURDAIN.
Non, je ne veux ni Profe, ni Vers.

MAISTRE DE PHILOSOPHIE.
Il faut bien que ce foit l'un, ou l'autre.

MONSIEUR JOURDAIN.
Pourquoi ?

MAISTRE DE PHILOSOPHIE.
Par la raifon, Monfieur, qu'il n'y a pour s'exprimer, que la Profe, ou les Vers.

MONSIEUR JOURDAIN.
Il n'y a que la Profe, ou les Vers ?

MAISTRE DE PHILOSOPHIE.

Non, Monsieur : Tout ce qui n'est point Prose, est Vers ; & tout ce qui n'est point Vers, est
Prose.

MONSIEUR JOURDAIN.

Et comme l'on parle, qu'est-ce que c'est donc
que cela ?

MAISTRE DE PHILOSOPHIE.

De la Prose.

MONSIEUR JOURDAIN.

Quoi, quand je dis, Nicole aportez-moi mes
Pantoufles, & me donnez mon Bonnet de nuit,
c'est de la Prose ?

MAISTRE DE PHILOSOPHIE.

Oüy, Monsieur.

MONSIEUR JOURDAIN.

Par ma foi, il y a plus de quarante ans que je
dis de la Prose, sans que j'en sçeusse rien ; & je
vous suis le plus obligé du monde, de m'avoir
apris cela. Je voudrois donc lui mettre dans un
Billet : *Belle Marquise, vos beaux yeux me font mourir d'amour* ; mais je voudrois que cela fût mis
d'une maniere galante ; que cela fût tourné
gentiment.

MAISTRE DE PHILOSOPHIE.

Mettre que les feux de ses yeux reduisent vôtre
cœur en cendres; que vous souffrez nuit & jour
pour elle les violences d'un....

MONSIEUR JOURDAIN.

Non, non, non, je ne veux point tout cela ; Je
ne veux que ce que je vous ay dit : *Belle Marquise, vos beaux yeux me font mourir d'amour.*

MAISTRE DE PHILOSOPHIE.

Il faut bien étendre un peu la chofe.

MONSIEUR JOURDAIN.

Non, vous dy-je, je ne veux que ces feules pa-
roles-là dans le Billet ; mais tournées à la mo-
de, bien arrangées comme il faut. Je vous prie
de me dire un peu, pour voir, les diverfes manieres dont on les peut mettre.

MAISTRE DE PHILOSOPHIE.

On les peut mettre premierement comme vous
avez dit : *Belle Marquife, vos beaux yeux me font*
mourir d'amour Ou bien : *D'amour mourir me font,*
belle Marquife, vos beaux yeux. Ou bien : *Vos yeux*
beaux d'amour me font, belle Marquife, mourir. Ou
bien : *Mourir vos beaux yeux, belle Marquife d'amour*
me font. Ou bien : *Me font vos yeux beaux mou-*
rir, belle Marquife, d'amour.

MONSIEUR JOURDAIN.

Mais de toutes ces façons là, laquelle eft la
meilleure ?

MAISTRE DE PHILOSOPHIE.

Celle que vous avez dite : *Belle Marquife, vos*
beaux yeux me font mourir d'amour.

MONSIEUR JOURDAIN.

Cependant je n'ai point étudié, & j'ai fait cela tout du premier coup. Je vous remercie de
tout mon cœur, & vous prie de venir demain
de bonne heure.

MAISTRE DE PHILOSOPHIE.

Je n'y manquerai pas.

MONSIEUR JOURDAIN.

Comment ? mon Habit n'eft point encore ar-
rivé ?

2. LAQUAIS.

Non Monfieur.

MONSIEUR JOURDAIN.

Ce maudit Tailleur me fait bien attendre pour
un jour où j'ai tant d'affaires. J'enrage. Que la
fievre quartaine puiffe ferrer bien fort le Bour-
reau de Tailleur. Au Diable le Tailleur. La
pefte étouffe le Tailleur. Si je le tenois maintenant ce Tailleur déteftable, ce chien de Tail-
leur-là, ce traiftre de Tailleur, je....

SCENE V.

MAISTRE TAILLEUR,
GARCON TAILLEUR *portant l'Habit
de Monfieur Jourdain*, MONSIEUR JOUR-
DAIN, LAQUAIS.

MONSIEUR JOURDAIN.

AH vous voila. Je m'allois mettre en eole-
re contre vous.

MAISTRE TAILLEUR.

Je n'ai pas pû venir plûtoft, & j'ai mis vingt
Garçons aprés voftre Habit.

MONSIEUR JOURDAIN.

Vous m'avez envoyé des Bas de foye fi étroits,
que j'ai eu toutes les peines du monde à les
mettre, & il y a déja deux mailles de rompuës.

MAISTRE TAILLEUR.

Ils ne s'élargiront que trop.

MONSIEUR JOURDAIN.

Oüy, si je romps toûjours des mailles. Vous
m'avez aussi fait faire des Souliers qui me blessent furieusement.

MAISTRE TAILLEUR.

Point du tout, Monsieur.

MONSIEUR JOURDAIN.

Comment point du tout ?

MAISTRE TAILLEUR.

Non, ils ne vous blessent point.

MONSIEUR JOURDAIN.

Je vous dis qu'ils me blessent, moy.

MAISTRE TAILLEUR.

Vous vous imaginez cela.

MONSIEUR JOURDAIN.

Je me l'imagine, parce que je le sens. Voyez la
belle raison.

MAISTRE TAILLEUR.

Tenez, voila le plus bel Habit de la Cour, & le
mieux assorti. C'est un chef-d'œuvre, que d'a-
voir inventé un Habit serieux, qui ne fût pas
noir; & je le donne en six coups aux Tailleurs
les plus éclairez.

MONSIEUR JOURDAIN.

Qu'est-ce que c'est que ceci ? Vous avez mis
les fleurs en enbas.

MAISTRE TAILLEUR.

Vous ne m'avez pas dit que vous les vouliez en
enhaut.

MONSIEUR JOURDAIN.

Est-ce qu'il faut dire cela ?

MAISTRE TAILLEUR.

Oüy vraiment. Toutes les Personnes de Qualité les portent de la forte.

MONSIEUR JOURDAIN.
Les Perfonnes de Qualité portent les fleurs en enbas ?

MAISTRE TAILLEUR.
Oüy, Monfieur.

MONSIEUR JOURDAIN.
Oh voila qui eft donc bien.

MAISTRE TAILLEUR.
Si vous vo e z , je les mettrai en enhaut.

MONSIEUR JOURDAIN.
Non , non.

MAISTRE TAILLEUR.
Vous n'avez qu'à dire.

MONSIEUR JOURDAIN.
Non , vous dis-je, vous avez bien fait. Croyez-vous que l'Habit m'aille bien ?

MAISTRE TAILLEUR.
Belle demande ! Je défie un Peintre, avec fon pinceau, de vous faire rien de plus jufte. J'ai chez moi un Garçon, qui pour monter une Rin-grave, eft le plus grand Génie du Monde ; & un autre , qui pour affembler un Pourpoint, eft le Heros de noftre Temps.

MONSIEUR JOURDAIN.
La Perruque, & les Plumes , font-elles comme il faut ?

MAISTRE TAILLEUR.
Tout eft bien.

MONSIEUR JOURDAIN, *en regardant l'Habit du Tailleur.*
Ah, Ah, Monfieur le Tailleur , voila de mon étoffe du dernier Habit que vous m'avez fait

Je la reconnois bien.

MAISTRE TAILLEUR.

C'eft que l'étoffe me fembla fi belle, que j'en ai voulu lever un Habit pour moi.

MONSIEUR JOURDAIN.

Oüy, mais il ne faloit pas le lever avec le mien.

MAISTRE TAILLEUR.

Voulez-vous mettre voftre Habit ?

MONSIEUR JOURDAIN.

Oüy, donnez-le moi.

MAISTRE TAILLEUR.

Attendez. Cela ne va pas comme cela. J'ai amené des Gens pour vous habiller en cadence , & ces fortes d'Habits fe mettent avec ceremonie. Hola , entrez vous autres. Mettez cet Habit à Monfieur , de la maniere que vous faites aux Perfonnes de Qualité.

Quatre Garçons Tailleurs entrent , dont deux luy arrachent le Haut-de-chauffe de fes Exercices , & deux autres la Camifole , puis ils luy mettent fon Habit neuf ; & Monfieur Jourdain fe promene entre'eux , & leur montre fon Habit , pour voir s'il eft bien. Le tout à la cadence de toute la Simphonie.

GARCON TAILLEUR.

Mon Gentilhomme , donnez , s'il vous plaift , aux Garçons quelque chofe pour boire.

MONSIEUR JOURDAIN.

Comment m'apellez-vous ?

GARCON TAILLEUR.

Mon Gentilhomme.

MONSIEUR JOURDAIN.

Mon Gentilhomme ! Voila ce que c'eft , de fe mettre en Perfonne de Qualité. Allez-vous-en demeurer toûjours habillé en Bourgeois, on ne vous dira point mon Gentilhomme. Tenez, voila pour mon Gentilhomme.

GARCON TAILLEUR.

Monseigneur, nous vous sommes bien obligez,

MONSIEUR JOURDAIN.

Monseigneur, oh, oh! Monseigneur! Attendez, mon ami, Monseigneur merite quelque chose, & ce n'est pas une petite parole que Monseigneur. Tenez, voila ce que Monseigneur vous donne.

GARCON TAILLEUR.

Monseigneur, nous allons boire tous à la santé de vostre Grandeur.

MONSIEUR JOURDAIN.

Vostre Grandeur, oh, oh, oh! Attendez, ne vous en allez pas. A moi, vostre Grandeur! Ma foi, s'il va jusqu'à l'Altesse, il aura toute la Bourse. Tenez, voila pour ma Grandeur.

GARCON TAILLEUR.

Monseigneur, nous la remercions tres-humblement de ses liberalitez.

MONSIEUR IOURDAIN.

Il a bien fait, je lui allois tout donner.

Les quatre Garçons Tailleurs se réjoüissent par une Dance, qui fait le second Intermede.

Fin du second Acte.

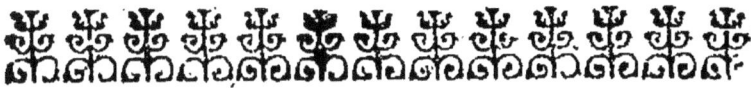

ACTE III.
SCENE PREMIERE.

MONSIEUR JOURDAIN.
LAQUAIS.

MONSIEUR JOURDAIN.

Uivez-moi, que j'aille un peu montrer mon Habit par la Ville; & sur tout, ayez soin tous deux de marcher immediatement sur mes pas, afin qu'on voye bien que vous estes à moi.

LAQUAIS.

Oüy, Monsieur.

MONSIEUR JOURDAIN.

Apellez-moi Nicole, que je lui donne quelques ordres. Ne bougez, la voila.

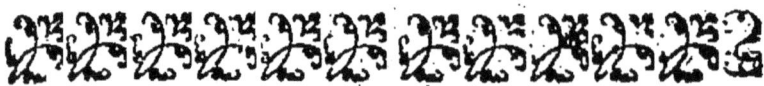

SCENE II.

NICOLE, MONSIEUR JOURDAIN,
LAQUAIS.

MONSIEUR JOURDAIN.

Nicole!

NICOLE.

Plaiſt-il ?

MONSIEUR JOURDAIN.

Ecoutez.

NICOLE.

Hi, hi, hi, hi, hi.

MONSIEUR JOURDAIN.

Qu'as-tu à rire ?

NICOLE.

Hi, hi, hi, hi, hi, hi.

MONSIEUR JOURDAIN.

Que veut dire cette Coquine-là ?

NICOLE.

Hi, hi, hi. Comme vous voila baſti ! Hi, hi, hi.

MONSIEUR JOURDAIN.

Comment donc ?

NICOLE.

Ah, ah, mon Dieu. Hi, hi, hi, hi, hi.

MONSIEUR JOURDAIN.

Quelle Friponne eſt-ce là ? Te moques-tu de
moi ? NICOLE.

Nenni, Monſieur , j'en ſerois bien fâchée , Hi,
hi, hi, hi, hi, hi.

MONSIEUR JOURDAIN.

Ie te baillerai fur le nez, fi tu ris davantage.

NICOLE.

Monfieur, je ne puis pas m'en empefcher. Hi, hi, hi, hi, hi, hi.

MONSIEUR JOURDAIN.

Tu ne t'arrefteras pas ?

NICOLE.

Monfieur, je vous demande pardon; mais vous eftes fi plaifant, que je ne fçaurois me tenir de rire. Hi, hi, hi.

MONSIEUR JOURDAIN.

Mais voyez quelle infolence!

NICOLE.

Vous eftes tout-à-fait drôle comme cela. Hi, h.

MONSIEUR JOURDAIN.

Je te....

NICOLE.

Je vous prie de m'excufer. Hi, hi, hi, hi.

MONSIEUR JOURDAIN.

Tien, fi tu ris encore le moins du monde, je te jure que je t'appliquerai fur la jouë le plus grand fouflet qui fe foit jamais donné.

NICOLE.

Hé bien, Monfieur, voila qui eft fait, je ne ri-rai plus.

MONSIEUR JOURDAIN.

Prens-y bien garde. Il faut que pour tantoft tu nettoyes....

NICOLE.

Hi, hi.

MONSIEUR JOURDAIN.

Que tu nettoyes comme il faut....

NICOLE.

Hi, hi.

MONSIEUR JOURDAIN.

Il faut, dis-je, que tu nettoyes la Salle, &...

NICOLE.

Hi, hi.

MONSIEUR JOURDAIN.

Encore?

Tenez, Monsieur, battez-moi plûtost, & me laissez rire tout mon saoul, cela me fera plus de bien. Hi, hi, hi, hi, hi.

MONSIEUR JOURDAIN.

J'enrage.

NICOLE.

De grace, Monsieur, je vous prie de me laisser rire. Hi, hi, hi.

MONSIEUR JOURDAIN.

Si je te prens....

NICOLE.

Monsieur, eur, je creverai, ai, si je ne ri. Hi, hi, hi.

MONSIEUR JOURDAIN.

Mais a-t-on jamais veu une Pendarde comme celle-là, qui me vient rire insolemment au nez, au lieu de recevoir mes ordres?

NICOLE.

Que voulez-vous que je fasse, Monsieur?

MONSIEUR JOURDAIN.

Que tu songes, Coquine, à preparer ma Maison pour la Compagnie qui doit venir tantost.

NICOLE.

Ah, par ma foy, je n'ai plus envie de rire; & toutes vos Compagnies font tant de defordre ceans, que ce mot eft affez pour me mettre en mauvaife humeur.

MONSIEUR JOURDAIN.

Ne dois-je point pour toi fermer ma Porte à tout le Monde?

NICOLE.

Vous devriez au moins la fermer à certaines Gens.

SCENE III.

MADAME IOURDAIN, MONSIEUR JOURDAIN, NICOLE, LAQUAIS.

MADAME JOURDAIN.

AH, ah, voici une nouvelle hiftoire. Qu'eft-ce que c'eft donc, mon Mari, que cet équipage-là? Vous moquez-vous du Monde, de vous eftre fait enharnacher de la forte? & avez-vous envie qu'on fe raille par tout de vous?

MONSIEUR JOURDAIN.

Il n'y a que des Sots, & des Sottes, ma Femme, qui fe railleront de moi.

MADAME JOURDAIN.

Vraiment on n'a pas attendu jufqu'à cette heure , & il y a long-temps que vos façons de faire donnent à rire à tout le Monde.

MONSIEUR JOURDAIN.

Qui est donc tout ce Monde là, s'il vous plaist ?

MADAME JOURDAIN.

Tout ce Monde-là est un Monde qui a raison, & qui est plus sage que vous. Pour moi, je suis scandalisée de la vie que vous menez. Je ne sçai plus ce que c'est que nostre Maison. On diroit qu'il est ceans Caresme-prenant tous les jours; Et dés le matin , de peur d'y manquer, on y entend des vacarmes de Violons & de Chanteurs , dont tout le voisinage se trouve incommodé.

NICOLE.

Madame parle bien. Je ne sçaurois plus voir mon ménage propre , avec cet attirail de Gens que vous faites venir chez vous Ils ont des pieds qui vont chercher de la boüe dans tous les Quartiers de la Ville , pour l'apporter ici ; & la pauvre Françoise est presque sur les dents , à frotter les planchers que vos biaux Maistres viennent crorter regulierement tous les jours.

MONSIEUR JOURDAIN.

Oüais, nostre Servante Nicole, vous avez le caquet bien affilé pour une Païsanne.

MADAME JOURDAIN.

Nicole a raison, & son sens est meilleur que le vostre. Je voudrois bien sçavoir ce que vous pensez faire d'un Maistre à Dancer à l'âge que vous avez ?

NICOLE.

Et d'un grand Maistre Tireur d'Armes , qui

vient, avec ses battemens de pied, ébranler toute la Maison, & nous déraciner tous les car-
riaux de nostre Salle?

MONSIEUR JOURDAIN.
Taisez-vous, ma Servante, & ma Femme.

MADAME JOURDAIN.
Est-ce que vous voulez aprendre à dancer, pour
quand vous n'aurez plus de jambes?

NICOLE.
Est-ce que vous avez envie de tuer quelqu'un?

MONSIEUR JOURDAIN.
Taisez-vous, vous dis-je, vous estes des ignorantes l'une & l'autre, & vous ne sçauez pas
les prérogatives de tout cela.

MADAME JOURDAIN.
Vous devriez bien plûtost songer à marier vôtre Fille, qui est en âge d'estre pourveuë.

MONSIEUR JOURDAIN.
Je songerai à marier ma Fille, quand il se pre-
sentera un Parti pour elle; mais je veux songer
aussi à apprendre les belles choses.

NICOLE
J'ai encore oüy dire, Madame, qu'il a pris aujourd'huy, pour renfort de potage, un Maistre
de Philosophie.

MONSIEUR JOURDAIN.
Fort-bien. Je veux avoir de l'Esprit, & sçavoir
raisonner des choses parmy les honnestes Gens.

MADAME JOURDAIN.
N'irez-vous point l'un de ces jours au College
vous faire donner le foüet, à vostre âge?

MONSIEUR IOURDAIN.
Pourquoi non? Plût à Dieu l'avoir tout-à-
l'heure,

GENTILHOMME. 49

l'heure, le foüet, devant tout le Monde, & sçavoir ce qu'on aprend au College.

NICOLE.

Oüy, ma foi, cela vous rendroit la jambe bien
mieux faite.

MONSIEUR JOURDAIN.

Sans doute.

MADAME JOURDAIN.

Tout cela est fort necessaire pour conduire vôtre Maison.

MONSIEUR JOURDAIN.

Assurément. Vous parlez toutes deux comme
des Bestes, & j'ai honte de vostre ignorance.
Par exemple, sçavez-vous, vous, ce que c'est
que vous dites à cette heure ?

MADAME JOURDAIN.

Oüy, je sçai que ce que je dis est fort bien dit, &
que vous devriez songer à vivre d'autre sorte.

MONSIEUR JOURDAIN.

Je ne parle pas de cela. Je vous demande ce que
c'est que les paroles que vous dites ici.

MADAME JOURDAIN.

Ce sont des paroles bien sensées, & vostre conduite ne l'est guéres.

MONSIEUR JOURDAIN.

Je ne parle pas de cela, vous dis-je. Je vous demande; Ce que je parle avec vous, Ce que je
vous dy à cette heure, qu'est-ce que c'est ?

MADAME JOURDAIN.

Des Chansons.

MONSIEUR JOURDAIN.

Hé non, ce n'est pas cela. Ce que nous disons
tous deux, Le langage que nous parlons à cette
heure.   C

MADAME JOURDAIN.

Hé bien ?

MONSIEUR JOURDAIN.

Comment eſt-ce que cela s'apelle ?

MADAME JOURDAIN.

Cela s'apelle comme on veut l'apeller.

MONSIEUR JOURDAIN.

C'eſt de la Proſe, ignorante.

MADAME JOURDAIN.

De la Proſe !

MONSIEUR JOURDAIN.

Oüi, de la Proſe. Tout ce qui eſt Proſe, n'eſt point Vers ; & tout ce qui n'eſt point Vers, eſt Proſe. Heu, voila ce que c'eſt d'étudier. Et toi, ſçais-tu bien comme il faut faire pour dire un V ?

NICOLE.

Comment ?

MONSIEUR JOURDAIN.

Oüi. Qu'eſt-ce que tu fais quand tu dis un V ?

NICOLE.

Quoy ?

MONSIEUR JOURDAIN.

Dis un peu, V, pour voir ?

NICOLE.

Hé bien, V.

MONSIEUR JOURDAIN.

Qu'eſt-ce que tu fais ?

NICOLE.

Je dy, V.

MONSIEUR JOURDAIN.

Oüy; mais quand tu dis, V, qu'eſt-ce que tu fais ?

NICOLE.

Je fais ce que vous me dites.

MONSIEUR JOURDAIN.

O l'étrange chose, que d'avoir à faire à des Bê-
tes ! Tu allonges les levres en dehors , & apro-
ches la machoire d'enhaut de celle d'enbas , V,
Vois-tu? V. Je fais la mouë, V.

NICOLE.

Oüi, cela est biau.

MADAME JOURDAIN.

Voila qui est admirable.

MONSIEUR JOURDAIN.

C'est bien autre chose , si vous aviez veu O , &
DA, DA, & FA, FA.

MADAME JOURDAIN.

Qu'est-ce que c'est donc que tout ce galima-
tias-là ?

NICOLE.

De quoi est-ce que tout cela guerit ?

MONSIEUR JOURDAIN.

J'enrage,quand je voy des Femmes ignorantes.

MADAME JOURDAIN.

Allez. Vous devriez envoyer promener tous ces
Gens-là, avec leurs fariboles.

NICOLE.

Et sur tout ce grand escogrife de Maistre d'Armes , qui remplit de poudre tout mon ménage.

MONSIEUR JOURDAIN.

Oüais , ce Maistre d'Armes vous tient au
cœur. Je te veux faire voir ton impertinence tout à l'heure. *Il fait aporter les fleurets , & en
donne un à Nicole.* Tien, Raison démonstrative,
La ligne du corps. Quand on pousse en quarte,

C ij

on n'a qu'à faire cela ; & quand on pouſſe en
tierce, on n'a qu'à faire cela. Voila le moyen
de n'eſtre jamais tué ; & cela n'eſt-il pas beau,
d'eſtre aſſuré de ſon fait, quand on ſe bat contre quelqu'un ? La, pouſſe-moy un peu pour
voir.

NICOLE.

Hé bien, quoy ?   *Nicole luy pouſſe*
                                 pluſieurs coups.

MONSIEUR JOURDAIN.

Tout-beau. Hola, oh, doucement. Diantre ſoit
la Coquine.

NICOLE.

Vous me dites de pouſſer.

MONSIEUR JOURDAIN.

Oüy ; mais tu me pouſſes en tierce , avant que
de pouſſer en quarte , & tu n'as pas la patience
que je pare.

MADAME JOURDAIN.

Vous eſtes fou, mon Mary, avec toutes vos fan-
taiſies , & cela vous eſt venu depuis que vous
vous meſlez de hanter la Nobleſſe.

MONSIEUR JOURDAIN.

Lors que je hante la Nobleſſe, je fais paroiſtre
mon jugement; & cela eſt plus beau que de
hanter voſtre Bourgeoiſie.

MADAME JOURDAIN.

Camon vrayment. Il y a fort à gagner à fre-
quenter vos Nobles , & vous avez bien operé
avec ce beau Monſieur le Comte dont vous
vous eſtes embeguiné.

MONSIEUR JOURDAIN.

Paix Songez à ce que vous dites. Sçavez-vous

bien, ma Femme, que vous ne ſçavez pas de qui
vous parlez, quand vous parlez de luy ? C'eſt
une Perſonne d'importance plus que vous ne
penſez; Un Seigneur que l'on côſidere à la Cour,
& qui parle au Roy tout comme je vous parle.
N'eſt-ce pas une choſe qui m'eſt tout-à-fait
honorable , que l'on voye venir chez moy ſi
ſouvent une Perſonne de cette qualité, qui m'a-
pelle ſon cher Amy, & me traite comme ſi
j'eſtois ſon égal ? Il a pour moy des bontez
qu'on ne devineroit jamais; & devant tout le
monde, il me fait des careſſes dont je ſuis moy-
meſme confus.

MADAME JOURDAIN.

Oüy, il a des bontez pour vous, & vous fait des
careſſes, mais il vous emprunte voſtre argent.

MONSIEUR JOURDAIN.

Hé bien, ne m'eſt-ce pas de l'honneur, de prê-
ter de l'argent à un Homme de cette condition-
la ? & puis-je faire moins pour un Seigneur qui
m'apelle ſon cher Amy ?

MADAME JOURDAIN.

Et ce Seigneur, que fait-il pour vous ?

MONSIEUR JOURDAIN.

Des choſes dont on feroit étonné, ſi on les ſça-
voit.

MADAME JOURDAIN.

Et quoy ?

MONSIEUR JOURDAIN

Baſte, je ne puis pas m'expliquer. Il ſuffit que
ſi je luy ay preſté de l'argent, il me le rendra
bien, & avant qu'il ſoit peu.

C iij

MADAME JOURDAIN.

Oüy. Attendez-vous à cela.

MONSIEUR JOURDAIN.

Affurément. Ne me l'a-t-il pas dit ?

MADAME JOURDAIN.

Oüy, oüy, il ne manquera pas d'y faillir.

MONSIEUR JOURDAIN.

Il m'a juré fa foy de Gentilhomme.

MADAME JOURDAIN.

Chanfons.

MONSIEUR JOURDAIN.

Oüais, vous eftes bien obftinée, ma Femme ; Je vo⁹ dy qu'il me tiendra fa parole, j'en fuis feûr.

MADAME JOURDAIN.

Et moy, je fuis feûre que non , & que toutes les careffes qu'il vous fait ne font que pour vous enjoler.

MONSIEUR JOURDAIN.

Taifez-vous. Le voicy.

MADAME JOURDAIN.

Il ne nous faut plus que cela. Il vient peut-eftre encore vous faire quelque emprunt ; & il me femble que j'ay difné, quand je le voy.

MONSIEUR JOURDAIN.

Taifez-vous , vous dis-je.

SCENE IV.

DORANTE, MONSIEUR JOURDAIN,
MADAME JOURDAIN, NICOLE.

DORANTE.

MOn cher Amy, Monsieur Jourdain, comment vous portez-vous ?

MONSIEUR JOURDAIN.

Fort-bien, Monsieur, pour vous rendre mes petits services.

DORANTE.

Et Madame Jourdain que voila, comment se porte-t elle ?

MADAME JOURDAIN.

Madame Jourdain se porte comme elle peut.

DORANTE.

Comment, Monsieur Jourdain, vous voila le plus propre du monde !

MONSIEUR JOURDAIN.

Vous voyez.

DORANTE.

Vous avez tout-à-fait bon air avec cet Habit, & nous n'avons point de jeunes Gens à la Cour qui soient mieux faits que vous.

MONSIEUR JOURDAIN.

Hay, hay.

C iiij

MADAME JOURDAIN.

Il le grate par où il se demange.

DORANTE.

Tournez-vous. Cela est tout-à-fait galant.

MADAME JOURDAIN.

Oüy, aussi sot par derriere que par devant.

DORANTE.

Ma foy, Monsieur Jourdain, j'avois une impatience étrange de vous voir. Vous estes l'Homme du monde que j'estime le plus , & je parlois de vous encore ce matin dans la Chambre du Roy.

MONSIEUR JOURDAIN.

Vous me faites beaucoup d'honneur, Monsieur. *A Madame Jourdain.* Dans la Chambre du Roy!

DORANTE.

Allons, mettez...

MONSIEUR JOURDAIN

Monsieur, je sçay le respect que je vous doy.

DORANTE.

Mon Dieu, mettez ; point de cerémonie entre nous , je vous prie.

MONSIEUR JOURDAIN.

Monsieur....

DORANTE.

Mettez, vous dis-je, Monsieur Jourdain , vous estes mon Amy.

MONSIEUR JOURDAIN.

Monsieur, je suis vostre Serviteur.

DORANTE.

Je ne me couvriray point, si vous ne vous couvrez,

MONSIEUR JOURDAIN.

J'aime mieux eftre incivil, qu'importun.

DORANTE.

Je fuis voftre debiteur, comme vous le fçavez.

MADAME JOURDAIN.

Oüy, nous ne le fçàvons que trop.

DORANTE.

Vous m'avez genereufement prefté de l'argent
en plufieurs occafions, & m'avez obligé de la
meilleure grace du monde, affurément.

MONSIEUR JOURDAIN.

Monfieur, vous vous moquez.

DORANTE.

Mais je fçais rendre ce qu'on me prefte, & re-
connoiftre les plaifirs qu'on me fait.

MONSIEUR JOURDAIN.

Je n'en doute point, Monfieur.

DORANTE.

Je veux fortir d'affaire avec vous ; & je viens
icy pour faire nos comptes enfemble.

MONSIEUR JOURDAIN.

Hé bien, vous voyez voftre impertinence, ma
Femme.

DORANTE.

Je fuis Homme qui aime à m'acquiter le plü-
toft que je puis.

MONSIEUR JOURDAIN.

Je vous le difois bien.

DORANTE.

Voyons un peu ce que je vous doy.

MONSIEUR JOURDAIN.

Vous voila, avec vos foupçons ridicules.

C v

DORANTE.
Vous souvenez-vous bien de tout l'argent que vous m'avez presté ?

MONSIEUR JOURDAIN.
Je croy que oüy. J'en ay fait un petit Memoire. Le voicy. Donné à vous une fois, deux cens Loüis.

DORANTE.
Cela est vray.

MONSIEUR JOURDAIN.
Une autre fois, six-vingts.

DORANTE.
Oüy.

MONSIEUR JOURDAIN.
Et une autre fois, cent quarante.

DORANTE.
Vous avez raison.

MONSIEUR JOURDAIN.
Ces trois articles font quatre cens soixante Loüis, qui valent cinq mille soixante livres.

DORANTE.
Le compte est fort bon. Cinq mille soixante livres.

MONSIEUR JOURDAIN.
Mille huit cens trente-deux livres à vostre Plumassier.

DORANTE
Justement.

MONSIEUR JOURDAIN.
Deux mille sept cens quatre-vingts livres à vôtre Tailleur.

DORANTE.
Il est vray.

MONSIEUR JOURDAIN.

Quatre mille trois cens septante-neuf livres
douze sols huit deniers à vostre Marchand.

DORANTE.

Fort-bien. Douze sols huit deniers ; Le compte est juste.

MONSIEUR JOURDAIN.

Et mille sept cens quarante-huit livres sept sols
quatre deniers, à vostre Sellier.

DORANTE.

Tout cela est veritable. Qu'est-ce que cela fait ?

MONSIEUR JOURDAIN.

Somme totale, quinze mille huit cens livres.

DORANTE.

Somme totale est juste ; Quinze mille huit cens
livres. Mettez encore deux cens Pistoles que
vous m'allez donner, cela fera justement dix-
huit mille francs, que je vous payeray au premier jour.

MADAME JOURDAIN.

Hé bien, ne l'avois-je pas bien deviné ?

MONSIEUR JOURDAIN.

Paix.

DORANTE.

Cela vous incommodera-t-il , de me donner ce
que je vous dis ?

MONSIEUR JOURDAIN.

Eh non.

MADAME JOURDAIN.

Cet Homme-là fait de vous une Vache à lait.

MONSIEUR JOURDAIN.

Taisez-vous.

DORANTE.

Si cela vous incommode , j'en iray chercher
ailleurs.

MONSIEUR JOURDAIN.

Non, Monſieur.

MADAME JOURDAIN.

Il ne ſera pas content , qu'il ne vous ait ruiné.

MONSIEUR IOURDAIN.

Taiſez-vous , vous dis-je.

DORANTE.

Vous n'avez qu'à me dire ſi cela vous emba-
raſſe.

MONSIEUR JOURDAIN.

Point , Monſieur.

MADAME JOURDAIN.

C'eſt un vray enjoleux.

MONSIEUR JOURDAIN.

Taiſez-vous donc.

MADAME JOURDAIN.

Il vous ſuçera juſqu'au dernier ſou.

MONSIEUR JOURDAIN.

Vous tairez-vous ?

DORANTE.

J'ay force Gens qui m'en preſteroient avec
joye : mais comme vous eſtes mon meilleur
Amy, j'ay crû que je vous ferois tort, ſi j'en de-
mandois à quelqu'autre.

MONSIEUR JOURDAIN.

C'eſt trop d'honneur, Monſieur, que vous me
faites. Je vai querir voſtre affaire.

MADAME JOURDAIN.

Quoi, vous allez encore lui donner cela ?

MONSIEUR JOURDAIN.

Que faire ? Voulez-vous que je refuſe un Homme de cette condition-là , qui a parlé de moy ce matin dans la Chambre du Roy ?

MADAME JOURDAIN.

Allez, vous eſtes une vraye Dupe.

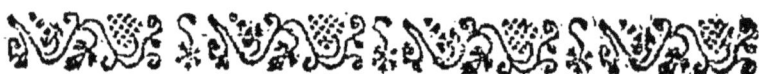

SCENE V.

DORANTE, MADAME JOURDAIN, NICOLE.

DORANTE.

VOus me ſemblez toute mélancolique. Qu'avez-vous , Madame Jourdain ?

MADAME JOURDAIN.

J'ay la teſte plus groſſe que le poing , & ſi elle n'eſt pas enflée.

DORANTE.

Mademoiſelle voſtre Fille , où eſt-elle, que je ne la voy point ?

MADAME JOURDAIN.

Mademoiſelle ma Fille eſt bien où elle eſt.

DORANTE.

Comment ſe porte-t-elle ?

MADAME JOURDAIN.

Elle ſe porte ſur ſes deux jambes.

DORANTE.

Ne voulez-vous point un de ſes jours venir

voir avec elle , le Ballet & la Comedie que l'on
fait chez le Roy ?

MADAME JOURDAIN.

Oüy vrayment, nous avons fort envie de rire ,
fort envie de rire nous avons.

DORANTE.

Je penſe , Madame Jourdain , que vous avez eu
bien des Amans dans voſtre jeune âge , bel!
& d'agreable humeur comme vous eſtiez.

MADAME JOURDAIN.

Tredame, Monſieur, eſt-ce que Madame Jourdain eſt décrépite , & la teſte luy groüille-t-el-
le déja ?

DORANTE.

Ah ma foy, Madame Jourdain, je vous demande pardon. Je ne ſongeois pas que vous eſtes
jeune , & je reſve le plus ſouvent. Je vous prie
d'excuſer mon impertinence.

SCENE VI.

MONSIEUR JOURDAIN,
MADAME JOURDAIN,
DORANTE, NICOLE.

MONSIEUR JOURDAIN.

VOila deux cens Loüis bien comptez.
DORANTE.
Je vous assure, Monsieur Jourdain, que je suis
tout à vous, & que je brûle de vous rendre un
service à la Cour.
MONSIEUR JOURDAIN.
Je vous suis trop obligé.
DORANTE.
Si Madame Jourdain veut voir le divertisse-
ment Royal, je luy feray donner les meilleu-
res places de la Salle.
MADAME JOURDAIN.
Madame Jourdain vous baise les mains.
DORANTE *bas à Monsieur Jourdain.*
Nostre belle Marquise, comme je vous ay man-
dé par mon Billet, viendra tantost icy pour le
Ballet & le Repas ; & je l'ay fait consentir enfin au Cadeau que vous luy voulez donner.
MONSIEUR JOURDAIN.
Tirons-nous un peu plus loin, pour cause.

DORANTE.

Il y a huit jours que je ne vous ay veu, & je ne
vous ay point mandé de nouvelles du Diamant
que vous me mistes entre les mains, pour luy
en faire present de vostre part ; mais c'est que
j'ay eu toutes les peines du monde à vaincre
son scrupule, & ce n'est que d'aujourd'huy
qu'elle s'est resoluë à l'accepter.

MONSIEUR JOURDAIN.

Comment l'a-t-elle trouvé ?

DORANTE.

Merveilleux; & je me trompe fort, ou la beau-
té de ce Diamant fera pour vous sur son esprit
un effet admirable.

MONSIEUR JOURDAIN.

Plût au Ciel !

MADAME JOURDAIN.

Quand il est une fois avec luy, il ne peut le
quitter.

DORANTE.

Je luy ay fait valoir comme il faut la richesse
de ce present, & la grandeur de vostre amour.

MONSIEUR JOURDAIN.

Ce sont, Monsieur, des bontez qui m'acca-
blent ; & je suis dans une confusion la plus
grande du monde, de voir une Personne de
vostre Qualité s'abaisser pour moy à ce que
vous faites.

DORANTE.

Vous moquez-vous ? Est-ce qu'entre Amis on
s'arreste à ces sortes de scrupules ? Et ne fe-
riez-vous pas pour moy la mesme chose, si
l'occasion s'en offroit ?

MONSIEUR JOURDAIN.

Ho aſſurément, & de tres-grand cœur.

MADAME JOURDAIN.

Que ſa preſence me peſe ſur les épaules!

DORANTE.

Pour moy, je ne regarde rien, quand il faut
ſervir un Amy; & lors que vous me fiſtes confidence de l'ardeur que vous aviez priſe pour
cette Marquiſe agreable chez qui j'avois commerce, vous viſtes que d'abord je m'offris de
moy-meſme à ſervir voſtre amour.

MONSIEUR JOURDAIN.

Il eſt vray, ce ſont des bontez qui me con-
fondent.

MADAME JOURDAIN.

Eſt-ce qu'il ne s'en ira point?

NICOLE.

Ils ſe trouvent bien enſemble.

DORANTE.

Vous avez pris le bon biais pour toucher ſon
cœur. Les Femmes aiment ſur tout les dépenſes
qu'on fait pour elles; & vos frequentes Serenades, & vos Bouquets continuels, ce ſuperbe
Feu d'artifice qu'elle trouva ſur l'eau, le Diamant qu'elle a receu de voſtre part, & le Cadeau que vous luy preparez, tout cela luy parle bien mieux en faveur de voſtre amour, que
toutes les paroles que vous auriez pû luy dire
vous-meſme.

MONSIEUR JOURDAIN.

Il n'y a point de dépenſes que je ne fiſſe, ſi par
là je pouvois trouver le chemin de ſon cœur.
Une Femme de Qualité a pour moy des char-

mes raviſſans, & c'eſt un honneur que j'ache-
terois au prix de toute choſe.

MADAME JOURDAIN.

Que peuvent-ils tant dire enſemble ? Va-t-en
un peu tout doucement preſter l'oreille.

DORANTE.

Ce ſera tantoſt que vous joüirez à voſtre aiſe
du plaiſir de ſa veuë, & vos yeux auront tout le
temps de ſe ſatisfaire.

MONSIEUR JOURDAIN.

Pour eſtre en pleine liberté, j'ay fait en ſorte
que ma Femme ira diſner chez ma ſœur, où elle paſſera toute l'apreſdiſnée.

DORANTE.

Vous avez fait prudemment, & voſtre Femme
auroit pû nous embaraſſer. J'ay donné pour
vous l'ordre qu'il faut au Cuiſinier, & à toutes
les choſes qui ſont neceſſaires pour le Ballet. Il
eſt de mon invention; & pourveu que l'execu-
tion puiſſe répondre à l'idée, je ſuis ſeûr qu'il
ſera trouvé....

MONSIEUR JOURDAIN *s'aperçoit que Nicole écoute, & luy donne un ſouflet.*

Oüais, vous eſtes bien impertinente. Sortons,
s'il vous plaiſt.

SCENE VII.

MADAME JOURDAIN, NICOLE.

NICOLE.

MA foy, Madame, la curiosité m'a cousté quelque chose ; mais je croy qu'il y a quelque anguille sous roche, & ils parlent de quelque affaire, où ils ne veulent pas que vous soyez.

MADAME JOURDAIN.

Ce n'est pas d'aujourd'huy, Nicole, que j'ay conçeu des soupçons de mon Mary. Je suis la plus trompée du monde, ou il y a quelque amour en campagne, & je travaille à découvrir ce que ce peut estre. Mais songeons à ma Fille. Tu sçais l'amour que Cleonte a pour elle. C'est un Homme qui me revient, & je veux aider sa recherche, & luy donner Lucile, si je puis.

NICOLE.

En verité, Madame, je suis la plus ravie du monde, de vous voir dans ces sentimens ; car si le Maistre vous revient, le Valet ne me revient pas moins, & je souhaiterois que nostre mariage se pût faire à l'ombre du leur.

MADAME JOURDAIN.
Va-t-en luy parler de ma part, & luy dire que
tout-à-l'heure il me vienne trouver, pour faire
enfemble à mon Mary la demande de ma Fille.
NICOLE.
J'y cours, Madame, avec joye, & ie ne pouvois recevoir une commiffion plus agreable. Je
vay, je penfe, bien réjoüir les Gens.

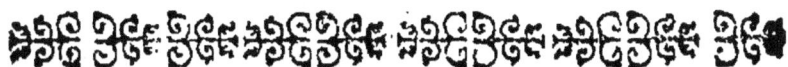

SCENE VIII.

CLEONTE, COVIELLE,
NICOLE.

NICOLE.

AH vous voila tout à propos. Je fuis une
Ambaffadrice de joye, & je viens...
CLEONTE.
Retire-toy, perfide, & ne me vien point amu-
fer avec tes traiftreffes paroles.
NICOLE.
Eft-ce ainfi que vous recevez....
CLEONTE.
Retire-toy, te dis-je, & va-t-en dire de ce pas
à ton infidelle Maiftreffe, qu'elle n'abufera de
fa vie le trop fimple Cleonte..
NICOLE.
Quel vertigo eft-ce donc là ? Mon pauvre Co-
vielle, dy-moy un peu ce que cela veut dire ?

COVIELLE.

Ton pauvre Covielle, petite Scelérate ? Allons viſte, oſte-toy de mes yeux, vilaine, & me laiſ-ſe en repos.

NICOLE.

Quoy, tu me viens auſſi....

COVIELLE.

Oſte-toi de mes yeux, te dis je, & ne me parle de ta vie.

NICOLE

Oüais! Quelle mouche les a piquez tous deux ? Allons de cette belle hiſtoire informer ma Maiſtreſſe.

SCENE IX.

CLEONTE, COVIELLE.

CLEONTE.

QUoy, traitter un Amant de la ſorte ; & un Amant le plus fidelle, & le plus paſſion-né de tous les Amans ?

COVIELLE.

C'eſt une choſe épouveutable, que ce qu'on nous fait à tous deux.

CLEONTE.

Je fais voir pour une Perſonne toute l'ardeur, & toute la tendreſſe qu'on peut imaginer ; Je n'aime rien au monde qu'elle, & je n'ay qu'elle

dans l'esprit : Elle fait tous mes soins, tous
mes desirs, toute ma joye ; je ne parle que
d'elle, je ne pense qu'à elle, je ne fais des songes que d'elle, je ne respire que par elle , mon
cœur vit tout en elle ; & voila de tant d'amitié
la digne récompense ! Je suis deux jours sans la
voir, qui sont pour moy deux siecles effroya-
bles ; je la rencontre par hazard ; mon cœur à
cette veuë se sent tout transporté, ma joie écla-
te sur mon visage ; je vole avec ravissement
vers elle ; & l'infidelle détourne de moi ses re-
gards, & passe brusquement comme si de sa vie
elle ne m'avoit veu !

CONTENT COVIELLE.
Je dis les mesmes choses que vous.

CLEONTE.
Peut-on rien voir d'égal, Covielle, à cette perfidie de l'ingrate Lucile ?

COVIELLE.
Et à celle, Monsieur, de la pendarde de Nicole.

CLEONTE.
Apres tant de sacrifices ardans, de soûpirs , &
de vœux que j'ai faits à ses charmes !

COVIELLE.
Apres tant d'assidus hommages, de soins, & de
services que je lui ai rendus dans la Cuisine !

CLEONTE.
Tant de larmes que j'ai versées à ses genoux !

COVIELLE.
Tant de seaux d'eau que j'ai tirez au Puits
pour elle !

CLEONTE.
Tant d'ardeur que j'ai fait paroistre à la ché-

rir plus que moi — mefme.

COVIELLE.

Tant de chaleur que j'ai foufferte à tourner la Broche à fa place !

CLEONTE.

Elle me fuit avec mépris.

COVIELLE.

Elle me tourne le dos avec effronterie !

CLEONTE.

C'eft une perfidie digne des plus grands chafti-mens.

COVIELLE.

C'eft une trahifon à meriter mille fouflets.

CLEONTE.

Ne t'avife point, je te prie, de me parler jamais pour elle.

COVIELLE.

Moi, Monfieur ! Dieu m'en garde.

CLEONTE.

Ne vien point m'excufer l'action de cette infidelle.

COVIELLE.

N'aiez pas peur.

CLEONTE.

Non, vois-tu, tous tes difcours pour la defendre, ne ferviront de rien.

COVIELLE.

Qui fonge à cela ?

CLEONTE.

Je veux contr'elle conferver mon reffentiment, & rompre enfemble tout commerce.

COVIELLE.

J'y confens.

CLEONTE.

Ce Monsieur le Comte qui va chez elle, lui donne peut-estre dans la veuë; & son esprit, je le voi bien, se laisse ébloüir à la qualité. Mais il me faut, pour mon honneur, prévenir l'eclat de son inconstance. Je veux faire autant de pas qu'elle au changement où je la voi courir, & ne lui laisser pas toute la gloire de me quitter.

COVIELLE.

C'est fort bien dit, & j'entre pour mon compte dans tous vos sentimens.

CLEONTE.

Donne la main à mon dépit, & soûtien ma resolution contre tous les restes d'amour qui me pouroient parler pour elle. Dy-m'en, je t'en conjure, tout le mal que tu pourras. Fais-moi de sa Personne une peinture qui me la rende méprisable; & marque-moi bien, pour m'en dégouster, tous les defauts que tu peux voir en elle.

COVIELLE.

Elle, Monsieur, Voila une belle Mijaurée, une Pimpe-soüée bien bastie, pour vous donner tant d'amour. Je ne lui voi rien que de tres-mediocre, & vous trouverez cent Personnes qui seront plus dignes de vous. Premierement, elle a les yeux petits.

CLEONTE.

Cela est vrai, elle a les yeux petits; mais elle les a pleins de feux, les plus brillans, les plus perçans du monde, les plus touchans qu'on puisse voir.

COVIELLE.

COVIELLE.

Elle a la bouche grande.

CLEONTE.

Oüy ; mais on y voit des graces qu'on ne voit point aux autres bouches ; & cette bouche , en la voiant, infpire des defirs, eft la plus attraian-te , la plus amoureufe du monde.

COVIELLE.

Pour fa taille , elle n'eft pas grande.

CLEONTE.

Non; mais elle eft aifée, & bien prife.

COVIELLE.

Elle affecte une nonchalance dans fon parler,& dans fes actions.

CLEONTE.

Il eft vrai ; mais elle a grace à tout cela , & fes manieres font engageantes, ont je ne fçai quel charme à s'infinuer dans les cœurs.

COVIELLE.

Pour de l'Efprit....

CLEONTE.

Ah elle en a, Covielle , du plus fin , du plus dé-licat.

COVIELLE.

Sa converfation....

CLEONTE.

Sa converfation eft charmante.

COVIELLE.

Elle eft toûjours férieufe.

CLEONTE.

Veux-tu de ces enjoümens épanoüis , de ces joyes toûjours ouvertes? & vois-tu rien de plus impertinent, que des Femmes qui rient à tout propos ?   D

COVIELLE.

Mais enfin elle est capricieuse autant que Personne du monde.

CLEONTE.

Oüy, elle est capricieuse, j'en demeure d'accord; mais tout sied bien aux Belles, on souffre tout des Belles.

COVIELLE.

Puis que cela va comme cela, je voi bien que vous avez envie de l'aimer toûjours.

CLEONTE.

Moi, j'aimerois mieux mourir; & je vai la hair autant que je l'ai aimée.

COVIELLE.

Le moyen, si vous la trouvez si parfaite ?

CLEONTE.

C'est en quoi ma vengeance sera plus éclatante; en quoi je veux faire mieux voir la force de mon cœur, à la hair, à la quitter, toute belle, toute pleine d'attraits, toute aimable que je la trouve. La voici.

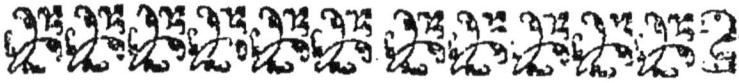

SCENE X.

CLEONTE, LUCILE, COVIELLE, NICOLE.

NICOLE.

POur moi, j'en ai esté toute scandalisée.
LUCILE.
Ce ne peut estre, Nicole, que ce que je te dis.
Mais le voila.
CLEONTE.
Je ne veux pas seulement luy parler.
COVIELLE.
Je veux vous imiter.
LUCILE.
Qu'est-ce donc, Cleonte, qu'avez-vous ?
NICOLE.
Qu'as-tu donc, Covielle ?
LUCILE.
Quel chagrin vous possede ?
NICOLE.
Quelle mauvaise humeur te tient ?
LUCILE.
Estes-vous muet, Cleonte ?
NICOLE.
As-tu perdu la parole, Covielle ?
CLEONTE.
Que voila qui est scelerat !

COVIELLE.

Que cela eſt Judas !

LUCILE.

Je voy bien que la rencontre de tantoſt a trou-
blé voſtre eſprit.

CLEONTE.

Ah, ah, on voit ce qu'on a fait.

NICOLE

Noſtre accueil de ce matin t'a fait prendre la
chevre.

COVIELLE.

On a deviné l'encloüeure.

LUCILE.

N'eſt-il pas vrai, Cleonte, que c'eſt là le ſujet
de voſtre dépit ?

CLEONTE.

Oüy, perfide, ce l'eſt, puis qu'il faut parler ; &
j'ai à vous dire que vous ne triompherez pas
comme vous penſez de voſtre infidelité, que
je veux eſtre le premier à rompre avecque vous,
& que vous n'aurez pas l'avantage de me chaſ-
ſer. J'aurai de la peine, ſans doute, à vaincre
l'amour que j'ai pour vous ; cela me cauſera
des chagrins: Je ſouffrirai un temps ; mais j'en
viendrai à bout, & je me percerai plûtoſt le
cœur, que d'avoir la foibleſſe de retourner à
vous.

COVIELLE.

Quenſſy, queumy.

LUCILE.

Voila bien du bruit pour un rien. Je veux vous
dire, Cleonte, le ſujet qui m'a fait ce matin éviter voſtre abord.

CLEONTE.

Non, je ne veux rien écouter.

NICOLE.

Je te veux aprendre la cause qui nous a fait passer si viste.

COVIELLE.

Je ne veux rien entendre.

LUCILE.

Sçachez que ce matin....

CLEONTE.

Non, vous dis-je.

NICOLE.

Aprens que....

COVIELLE.

Non, traistresse.

LUCILE.

Ecoutez.

CLEONTE.

Point d'affaire.

NICOLE.

Laisse-moy dire.

COVIELLE.

Je suis sourd.

LUCILE.

Cleonte.

CLEONTE.

Non.

NICOLE.

Covielle.

COVIELLE.

Point.

LUCILE.

Arrestez.

D iij

CLEONTE.

Chanfons.

NICOLE.

Entens-moi.

COVIELLE.

Bagatelles.

LUCILE.

Un moment.

CLEONTE.

Point du tout.

NICOLE.

Un peu de patience.

COVIELLE.

Tarare.

LUCILE.

Deux paroles.

CLEONTE.

Non, ç'en eſt fait.

NICOLE.

Un mot.

COVIELLE.

Plus de commerce

LUCILE.

Hé bien, puis que vous ne voulez pas m'écouter, demeurez dans voſtre penſée, & faites ce
qu'il vous plaira.

NICOLE.

Puis que tu fais comme cela, prens-le tout
comme tu voudras.

CLEONTE.

Sçachons donc le ſujet d'un ſi bel accueil.

LUCILE.

Il ne me plaiſt plus de le dire.

COVIELLE.

Aprens-nous un peu cette histoire.

NICOLE.

Je ne veux plus, moi, te l'aprendre.

CLEONTE.

Dites-moi….

LUCILE.

Non, je ne veux rien dire.

COVIELLE.

Conte-moi….

NICOLE.

Non, je ne conte rien.

CLEONTE.

De grace.

LUCILE.

Non, vous dy-je.

COVIELLE.

Par charité.

NICOLE.

Point d'affaire.

CLEONTE.

Je vous en prie.

LUCILE.

Laiffez-moi.

COVIELLE.

Je t'en conjure.

NICOLE.

Ofte-toi de là.

CLEONTE.

Lucile.

LUCILE.

Non.

D iiij

COVIELLE.

Nicole.

NICOLE.

Point.

CLEONTE.

Au nom des Dieux.

LUCILE.

Je ne veux pas.

COVIELLE.

Parle-moi.

NICOLE.

Point du tout.

CLEONTE.

Eclaircissez mes doutes.

LUCILE.

Non, je n'en ferai rien.

COVIELLE.

Gueris-moi l'esprit.

NICOLE.

Non il ne me plaist pas.

CLEONTE.

Hé bien, puis que vous vous souciez si peu de me tirer de peine, & de vous justifier du traitement indigne que vous avez fait à ma flâme, vous me voiez, ingrate, pour la derniere fois, & je vai loin de vous mourir de douleur & d'amour.

COVIELLE.

Et moi, je vai suivre ses pas.

LUCILE.

Cleonte.

NICOLE.

Covielle.

CLEONTE.

Eh ?

COVIELLE

Plaift-il ?

LUCILE.

Où allez-vous ?

CLEONTE.

Où je vous ai dit.

COVIELLE.

Nous allons mourir.

LUCILE.

Vous allez mourir, Cleonte ?

CLEONTE.

Oüy, cruelle, puis que vous le voulez.

LUCILE.

Moi, je veux que vous mouriez ?

CLEONTE.

Oüy, vous le voulez.

LUCILE.

Qui vous le dit ?

CLEONTE.

N'eft-ce pas le vouloir, que de ne vouloir pas
éclaircir mes foupçons ?

LUCILE.

Eft-ce ma faute ? Et fi vous aviez voulu m'é-
couter, ne vous aurois-je pas dit que l'avanture dont vous vous plaignez, a efté causée ce
matin par la prefence d'une vieille Tante, qui
veut à toute force, que la feule aproche d'un
Homme def-honore une Fille ; Qui perpetuel-
lement nous fermone fur ce chapitre, & nous
figure tous les Hommes comme des Diables
qu'il faut fuir ?

D y

NICOLE.

Voila le fecret de l'affaire.

CLEONTE.

Ne me trompez-vous point , Lucile ?

COVIELLE.

Ne m'en donnes-tu point à garder ?

LUCILE.

Il n'eft rien de plus vrai.

NICOLE.

C'eft la chofe comme elle eft.

COVIELLE.

Nous rendrons-nous à cela ?

CLEONTE.

Ah, Lucile, qu'avec un mot de voftre bouche vous fçavez apaifer de chofes dans mon cœur ! & que facilement on fe laiffe perfuader aux Perfonnes qu'on aime !

COVIELLE.

Qu'on eft aisément amadoüé par ces diantres d'animaux-là !

SCENE XI.

MADAME JOURDAIN,
CLEONTE, LUCILE,
COVIELLE, NICOLE.

MADAME JOURDAIN.

JE suis bien aise de vous voir, Cleonte, &
vous voila tout à propos. Mon Mari vient,
prenez viste voftre temps pour lui demander
Lucile en mariage.

CLEONTE.

Ah, Madame, que cette parole m'eft douce, &
qu'elle flate mes defirs! Pouvois-je recevoir
un ordre plus charmant? une faveur plus pré-
cieufe?

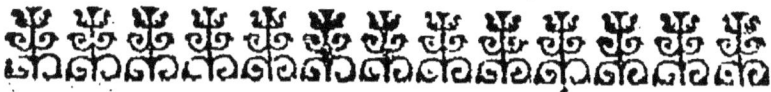

SCENE XII.

MONSIEUR JOURDAIN,
MADAME JOURDAIN,
CLEONTE, LUCILE,
COVIELLE, NICOLE,

CLEONTE.

MOnsieur, je n'ai voulu prendre perfonne pour vous faire une demande que je médite il y a long temps. Elle me touche affez pour m'en charger moi-mefme ; & fans autre détour, je vous dirai que l'honneur d'eftre vôtre Gendre eft une faveur glorieufe que je vous prie de m'accorder.

MONSIEUR JOURDAIN.

Avant que de vous rendre réponfe, Monfieur, je vous prie de me dire, fi vous eftes Gentilhomme.

CLEONTE.

Monfieur, la plufpart des Gens fur cette queftion, n'hefitent pas beaucoup. On tranche le mot aifément. Ce nom ne fait aucun fcrupule à prendre, & l'ufage aujourd'huy femble en authorifer le vol. Pour moi, je vous l'avoüe, j'ai les fentimens fur cette matiere un peu plus délicats. Je trouve que toute impofture eft indigne d'un honnefte Homme, & qu'il y a de la lâche-

té à déguiser ce que le Ciel nous a fait naistre ;
à se parer aux yeux du monde d'un Titre dérobé ; à se vouloir donner pour ce qu'on n'est pas.
Je suis né de Parens, sans doute, qui ont tenu
des Charges honorables. Je me suis acquis dans
les Armes l'honneur de six ans de services , &
je me trouve assez de bien pour tenir dans, le
Monde un rang assez passable : mais avec tout
cela je ne veux point me donner un nom où
d'autres en ma place croiroient pouvoir prétendre ; & je vous dirai franchement que je ne
suis point Gentilhomme.

MONSIEUR JOURDAIN.
Touchez-là. Monsieur. Ma fille n'est pas pour
vous.

CLEONTE.
Comment ?

MONSIEUR JOURDAIN.
Vous n'estes point Gentilhomme, vous n'aurez
pas ma Fille.

MADAME JOURDAIN.
Que voulez vous donc dire avec vostre Gentilhomme ? Est-ce que nous sommes , nous autres,
de la Coste de S. Loüis ?

MONSIEUR JOURDAIN.
Taisezvous, ma Femme je vous voy venir.

MADAME JOURDAIN.
Descendons - nous tous deux que de bonne
Bourgeoisie ?

MONSIEUR JOURDAIN.
Voila pas le coup de langue?

MADAME JOURDAIN.
Et vostre Pere n'estoit-il pas Marchand aussi
bien que le mien ?

MONSIEUR JOURDAIN.

Peste soit de la Femme. Elle n'y a jamais manqué. Si vostre Pere a esté Marchand, tant-pis pour luy; mais pour le mien, ce sont des malavisez qui disent cela. Tout ce que j'ai à vous dire, moy, c'est que je veux avoir un Gendre Gentilhomme.

MADAME JOURDAIN.

Il faut à vostre Fille un Mari qui lui soit propre, & il vaut mieux pour elle un honneste Homme riche & bien fait, qu'un Gentilhomme gueux & mal basty.

NICOLE.

Cela est vrai. Nous avons le Fils du Gentilhomme de nostre Village, qui est le plus grand Malitorne & le plus sot Dadais que j'aie jamais veu.

MONSIEUR JOURDAIN.

Taisez-vous, impertinente. Vous vous fourrez toûjours dans la conversation; j'ai du bien assez pour ma Fille, je n'ai besoin que d'honneur, & je la veux faire Marquise.

MADAME JOURDAIN.

Marquise!

MONSIEUR JOURDAIN.

Oüy, Marquise.

MADAME JOURDAIN.

Helas! Dieu m'en garde.

MONSIEUR JOURDAIN.

C'est une chose que j'ai resoluë.

MADAME JOURDAIN.

C'est une chose, moi, où je ne consentirai point. Les alliances avec plus grand que soi, sont su-

jettes toûjours à de fâcheux inconveniens. Je
ne veux point qu'un Gendre puiſſe à ma Fille
reprocher ſes Parens, & qu'elle ait des Enfans
qui ayent honte de m'apeler leur Grand-Ma-
man. S'il faloit qu'elle me vinſt viſiter en
équipage de Grand-Dame, & qu'elle manquât
par mégarde à faluer quelqu'un du Quartier,
on ne manqueroit pas auſſi-toſt de dire cent ſot-
tiſes. Voyez-vous, diroit-on, cette Madame la
Marquiſe qui fait tant la glorieuſe ? c'eſt la
Fille de Monſieur Jourdain, qui eſtoit trop
heureuſe, eſtant petite, de joüer à la Madame
avec nous : Elle n'a pas toûjours eſté ſi relevée
que la voila ; & ſes deux Grand-Peres ven-
doient du Drap auprès de la Porte Saint Inno-
cent. Ils ont amaſſé du bien à leurs Enfans,
qu'ils payent maintenant, peut-eſtre, bien cher
en l'autre Monde, & l'on ne devient guéres ſi
riches à eſtre honneſtes Gens. Je ne veux point
tous ces caquets, & je veux un Homme en un
mot qui m'ait obligation de ma Fille, & à qui
je puiſſe dire, Mettez-vous là, mon Gendre, &
diſnez avec moy.

MONSIEUR JOURDAIN.

Voila bien les ſentimens d'un petit Eſprit, de
vouloir demeurer toûjours dans la baſſeſſe. Ne
me repliquez pas davantage, ma Fille ſera Marquiſe en dépit de tout le monde ; & ſi vous me
mettez en colere, je la ferai Ducheſſe.

MADAME JOURDAIN.

Cleonte, ne perdez point courage encore. Sui-
vez-moi, ma Fille, & venez dire réſolument à
voſtre Pere, que ſi vous ne l'ayez, vous ne voulez épouſer perſonne.

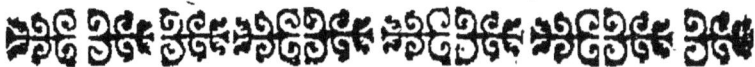

SCENE XIII.

CLEONTE, COVIELLE.

COVIELLE.

VOus avez fait de belles affaires, avec vos beaux fentimens.

CLEONTE.

Que veux-tu ? J'ai un fcrupule là-deffus , que l'exemple ne fçauroit vaincre.

COVIELLE.

Vous moquez-vous, de le prendre férieufement avec un Homme comme cela ? Ne voyez-vous pas qu'il eft fou ? & vous couftoit-il quelque chofe de vous accommoder à fes chimeres ?

CLEONTE.

Tu as raifon ; mais je ne croyois pas qu'il fa-lût faire fes preuves de Nobleffe , pour eftre Gendre de Monfieur Jourdain.

COVIELLE.

Ah, ah, ah.

CLEONTE.

Dequoi ris-tu ?

COVIELLE.

D'une penfée qui me vient pour joüer noftre Homme, & vous faire obtenir ce que vous fou-haitez.

CLEONTE.

Comment ?

COVIELLE.

L'idée est tout-à-fait plaisante.

CLEONTE.

Quoy donc ?

COVIELLE.

Il s'est fait depuis peu une certaine Mascarade qui vient le mieux du monde icy, & que je prétens faire entrer dans une bourle que je veux faire à nostre Ridicule. Tout cela sent un peu sa Comédie ; mais avec luy on peut hazarder toute chose, il n'y faut point chercher tant de façons, & il est Homme à y joüer son rôle à merveille ; à donner aisément dans toutes les fariboles qu'on s'avisera de luy dire. J'ay les Acteurs, j'ay les Habits tout prests, laissez-moi faire seulement.

CLEONTE.

Mais aprens-moy....

COVIELLE.

Je vais vous instruire de tout ; retirons-nous, le voila qui revient.

SCENE XIV.

MONSIEUR JOURDAIN, LAQUAIS.

MONSIEUR JOURDAIN.

Que Diable est-ce là ? Ils n'ont rien que les grands Seigneurs à me reprocher ; & moi je ne vois rien de si beau, que de hanter les grands Seigneurs ; il n'y a qu'honneur & que civilité avec eux., & je voudrois qu'il m'eust cousté deux doigts de la main, & estre né Comte, ou Marquis.

LAQUAIS.

Monsieur, voicy Monsieur le Comte, & une Dame qu'il mene par la main.

MONSIEUR JOURDAIN.

Hé mon Dieu, j'ai quelques ordres à donner. Dy-leur que je vais venir icy tout-à-l'heure.

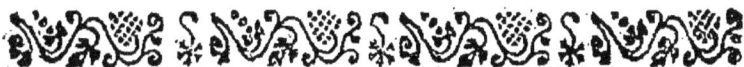

SCENE XV.

DORIMENE, DORANTE, LAQUAIS.

LAQUAIS.

Monsieur dit comme cela, qu'il va venir icy tout-à-l'heure.

DORANTE.

Voila qui est bien.

DORIMENE.

Je ne sçai pas, Dorante ; je fais encore icy une étrange démarche , de me laisser amener par vous, dans une Maison où je ne connois personne.

DORANTE.

Quel lieu voulez-vous donc , Madame , que

mon amour choisisse pour vous régaler , puis
que pour fuir l'éclat , vous ne voulez ni vostre
Maison , ni la mienne ?

DORIMENE.

Mais vous ne dites pas que je m'engage insen-
siblemét chaque jour à recevoir de trop grands
témoignages de vostre passion.   J'ai beau me
défendre des choses , vous fatiguez ma resistan-
ce , & vous avez une civile opiniâtreté qui me
fait venir doucement à tout ce qu'il vous plaist.
Les Visites frequentes ont commencé ; les De-
clarations sont venuës en suite , qui apres elles
ont traisné les Serenades & les Cadeaux , que
les Présens ont suivy. Je me suis oposée à tout
cela , mais vous ne vous rebutez point , & pied
à pied vous gagnez mes resolutions. Pour moi
je ne puis plus répondre de rien , & je croi qu'à
la fin vous me ferez venir au Mariage dont je
me suis tant éloignée,

DORANTE.

Ma foi, Madame, vous y devriez déja estre.
Vous estes Veuve , & ne dépendez que de vous.
Je suis maistre de moi , & vous aime plus que
ma vie. A quoy tient-il que dés aujourd'huy
vous ne fassiez tout mon bonheur ?

DORIMENE.

Mon Dieu , Dorante , il faut des deux parts
bien des qualitez pour vivre heureusement ensemble ; & les deux plus raisonnables Personnes du Monde , ont souvent peine à composer
une union dont ils soient satisfaits.

DORANTE.

Vous vous moquez, Madame, de vous y figurer

tant de difficultez ; & l'experience que vous avez faite, ne conclut rien pour tous les autres.

DORIMENE.

Enfin j'en reviens toûjours là. Les dépenses que je vous voi faire pour moi, m'inquietent par deux raisons ; l'une, qu'elles m'engagent plus que je ne voudrois ; & l'autre, que je suis seure, sans vous déplaire, que vous ne les faites point, que vous ne vous incommodiez ; & je ne veux point cela.

DORANTE.

Ah, Madame, ce sont des bagatelles, & ce n'est pas par là....

DORIMENE.

Je sçay ce que je dy ; & entr'autres le Diamant que vous m'avez forcée à prendre, est d'un prix....

DORANTE.

Eh, Madame, de grace, ne faites point tant valoir une chose que mon amour trouve indigne de vous ; & souffrez.... Voicy le Maistre du Logis.

SCENE XVI.

MONSIEUR JOURDAIN,
DORIMENE, DORANTE,
LAQUAIS.

MONSIEUR JOURDAIN *aprés avoir fait deux revérences, se trouvant trop pr.. de Dorimene.*

UN peu plus loin, Madame.
DORIMENE.
Comment ?
MONSIEUR JOURDAIN.
Un pas, s'il vous plaist.
DORIMENE.
Quoy donc ?
MONSIEUR IOURDAIN.
Reculez un peu, pour la troisiéme.
DORANTE.
Madame, Monsieur Jourdain sçait son monde.
MONSIEUR JOURDAIN.
Madame, ce m'est une gloire bien grande, de me voir assez fortuné, pour estre si heureux, que d'avoir le bonheur, que vous ayez eu la bonté de m'accorder la grace, de me faire l'honneur, de m'honorer de la faveur de vostre presence : Et si j'avois aussi le mérite, pour mé-riter un mérite comme le vostre, & que le

Ciel.... envieux de mon bien.... m'euſt accor-
dé.... l'avantage de me voir digne.... des.....

DORANTE.

Monſieur Jourdain, en voila aſſez ; Madame
n'aime pas les grands complimens, & elle ſçait
que vous eſtes Homme d'eſprit. *bas à Dorimne.*
C'eſt un bon Bourgeois aſſez ridicule , comme
vous voyez , dans toutes ſes manieres.

DORIMENE.

Il n'eſt pas malaiſé de s'en apercevoir.

DORANTE.

Madame , voila le meilleur de mes Amis.

MONSIEUR JOURDAIN.

C'eſt trop d'honneur que vous me faites.

DORANTE.

Galant Homme tout-à-fait.

DORIMENE.

J'ay beaucoup d'eſtime pour luy.

MONSIEUR JOURDAIN.

Je n'ay rien fait encore, Madame, pour meriter
cette grace.

DORANTE *bas a Monſieur Jourdain.*

Prenez bien garde au moins, à ne luy point
parler du Diamant que vous luy avez donné.

MONSIEUR JOURDAIN.

Ne pourois-je pas ſeulement luy demander
comment elle le trouve ?

DORANTE.

Comment ? gardez vous en bien. Cela ſeroit vilain à vous ; & pour agir en galant Homme, il
faut que vous faſſiez comme ſi ce n'eſtoit pas
vous qui luy euſſiez fait ce préſent. Monſieur
Jourdain , Madame, dit qu'il eſt ravy de vous
voir chez luy.

DORIMENE.

Il m'honore beaucoup.

MONSIEUR JOURDAIN.

Que je vous fuis obligé, Monfieur, de luy parler ainfi pour moi!

DORANTE.

J'ai eu une peine effroyable à la faire venir ici.

MONSIEUR JOURDAIN.

Je ne fçay quelles graces vous en rendre.

DORANTE.

Il dit, Madame, qu'il vous trouve la plus belle
Perfonne du Monde.

DORIMENE.

C'eft bien de la grace qu'il me fait.

MONSIEUR JOURDAIN.

Madame, c'eft vous qui faites les graces, &...

DORANTE.

Songeons à manger.

LAQUAIS.

Tout eft preft, Monfieur.

DORANTE.

Allons donc nous mettre à table, & qu'on faffe
venir les Muficiens.

*Six Cuifiniers, qui ont preparé le Feftin, dancent
enfemble, & font le troifiéme Intermede ; apres quoy
ils aportent une Table couverte de plufieurs Mets.*

Fin du Troifiéme Acte.

ACTE IV.

SCENE PREMIÈRE.

DORANTE, DORIMENE,
MONSIEUR JOURDAIN,
DEUX MUSICIENS, UNE MU-
SICIENNE, LAQUAIS.

DORIMENE.

C OMMENT, Dorante, voila un
Repas tout á-fait magnifique !

MONSIEUR JOURDAIN.

Vous vous moquez, Madame, &
je voudrois qu'il fust plus digne de
vous estre offert. *Tous se mettent à Table.*

DORANTE.

Monsieur Jourdain a raison, Madame, de parler de la sorte, & il m'oblige de vous faire si
bien les honneurs de chez luy. Je demeure d'accord avec luy, que le Repas n'est pas digne de
vous. Comme c'est moi qui l'ai ordonné, & que
je n'ai pas sur cette matiere les lumieres de nos
Amis, vous n'avez pas ici un Repas fort sçavant,
& vous y trouverez des incongruitez de bonne
chere, & des barbarismes de bon goust. Si Da-
mis s'en estoit meslé, tout seroit dans les regles ;
il y

il y auroit par tout de l'elegance & de l'érudi-
tion, & il ne manqueroit pas de vous exagerer
luy-mesme toutes les pieces du Repas qu'il
vous donneroit, & de vous faire tomber d'accord de sa haute capacité dans la science des
bons morceaux; de vous parler d'un Pain de ri-
ve, à bizeau doré, relevé de crouste par tout,
croquant tendrement sous la dent; d'un Vin à
séve veloutée, armé d'un vert qui n'est point
trop commandant; d'un Carré de Mouton
gourmandé de persil; d'une Longe de Veau de
Riviere, longue comme cela, blanche, délica-
te, & qui sous les dens est une vraye pâte d'a-
mende; de Perdrix relevées d'un fumet surpre-
nant; & pour son Opera, d'une Soupe à boüil-
lon perlé, soûtenuë d'un jeune gros Dindon,
cantonné de Pigeonneaux, & couronnée d'Oi-
gnons blancs, mariez avec la Chicorée. Mais
pour moy, je vous avouë mon ignorance; &
comme Monsieur Jourdain a fort bien dit, je
voudrois que le Repas fust plus digne de vous
estre offert.

DORIMENE.

Je ne répons à ce compliment, qu'en mangeant
comme je fais.

MONSIEUR JOURDAIN.

Ah que voila de belles mains!

DORIMENE.

Les mains sont mediocres, Monsieur Jourdain;
mais vous voulez parler du Diamant qui est
fort beau.

MONSIEUR JOURDAIN.

Moy, Madame! Dieu me garde d'en vouloir

E

parler ; ce ne feroit pas agir en galant Homme,
& le Diamant eft fort peu de chofe.

DORIMENE.

Vous eftes bien dégoufté.

MONSIEUR JOURDAIN.

Vous avez trop de bonté....

DORANTE.

Allons, qu'on donne du Vin à Monfieur Jourdain, & à ces Meffieurs qui nous feront la grace de nous chanter un Air à boire.

DORIMENE.

C'eft merveilleufement affaifonner la bonne
chere, que d'y mefler la Mufique; & je me vois
icy admirablement régalée.

MONSIEUR JOURDAIN.

Madame, ce n'eft pas....

DORANTE.

Monfieur Jourdain, preftons filence à ces Meffieurs; ce qu'ils nous diront, vaudra mieux que
tout ce que nous pourions dire.

*Les Muficiens & la Muficienne prenent des Verres,
chantent deux Chanfons à boire , & font foûtenus de
toute la Simphonie.*

PREMIERE CHANSON A BOIRE.

UN petit doigt , Philis , pour commencer le tour :
Ah ! qu'un Verre en vos mains a d'agreables
    charmes !
Vous & le Vin , vous vous preftez des armes ,
Et je fens pour tous deux redoubler mon amour :
Entre luy , vous & moy, jurons, jurons ma Belle ,
    Une ardeur eternelle.

Qu'en moüillant vostre bouche il en reçoit d'atraits,
Et que l'on voit par luy vostre bouche embellie !
Ah ! l'un de l'autre ils me donnent envie,
Et de vous & de luy je m'enyvre à longs traits :
Entre luy, vous & moy, jurons, jurons ma Belle
Une ardeur eternelle.

SECONDE CHANSON A BOIRE.

Buvons, chers Amis, buvons,
Le temps qui fuit nous y convie ;
Profitons de la vie
Autant que nous pouvons :
Quand on a passé l'onde noire,
Adieu le bon Vin, nos amours ;
Depeschons-nous de boire,
On ne boit pas toûjours.

Laissons raisonner les Sots
Sur le vray bonheur de la vie ;
Nostre Philosophie
Le met parmy les Pots :
Les biens, le sçavoir, & la gloire,
N'ostent point les soucis fascheux ;
Et ce n'est qu'à bien boire
Que l'on peut estre heureux.

Sus, sus du Vin, par tout versez, Garçon versez,
Versez, versez toûjours, tant qu'on vous dise assez.

DORIMENE.

Je ne croy pas qu'on puisse mieux chanter, &
cela est tout-à-fait beau.

MONSIEUR JOURDAIN.

Je vois encore icy , Madame, quelque chose de
plus beau.

DORIMENE.

Oüais. Monsieur Jourdain est galant plus que
je ne pensois,

DORANTE.

Comment , Madame, pour qui prenez-vous
Monsieur Jourdain ?

MONSIEUR JOURDAIN.

Je voudrois bien qu'elle me prist pour ce que je
dirois.

DORIMENE.

Encore !

DORANTE.

Vous ne le connoissez pas.

MONSIEUR JOURDAIN.

Elle me connoistra quand il luy plaira.

DORIMENE.

Oh je le quitte.

DORANTE.

Il est Homme qui a toûjours la risposte en
main. Mais vous ne voyez pas que Monsieur
Jourdain , Madame, mange tous les morceaux
que vous touchez.

DORIMENE.

Monsieur Jourdain est un Homme qui me
ravit.

MONSIEUR JOURDAIN.

Si je pouvois ravir vostre cœur , je serois.

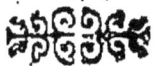

SCENE II.

MADAME JOURDAIN,
MONSIEUR JOURDAIN,
DORIMENE, DORANTE,
MUSICIENS, MUSICIENNE,
LAQUAIS.

MADAME JOURDAIN.

AH, ah, je trouve icy bonne compagnie, &
je voy bien qu'on ne m'y attendoit pas.
C'est donc pour cette belle affaire-cy, Monsieur
mon Mary, que vous avez eu tant d'empresse-
ment à m'envoyer disner chez ma Sœur ; Je
viens de voir un Theatre là-bas, & je vois icy
un Banquet à faire Nopces. Voila comme vous
dépensez vostre bien, & c'est ainsi que vous fes-
tinez les Dames en mon absence, & que vous
leur donnez la Musique & la Comedie, tandis
que vous m'envoyez promener.

DORANTE.

Que voulez-vous dire, Madame Jourdain ? &
quelles fantaisies sont les vostres, de vous aller
mettre en teste que vostre Mary dépense son
bien, & que c'est luy qui donne ce Régale à
Madame ? Aprenez que c'est moy, je vous prie ;
Qu'il ne fait seulement que me prester sa Maison, & que vous devriez un peu mieux regar-

E iij

der aux chofes que vous dites.

MONSIEUR JOURDAIN.

Oüy, impertinente, c'eft Monfieur le Comte qui donne tout cecy à Madame, qui eft une Perfonne de Qualité. Il me fait l'honneur de prendre ma Maifon, & de vouloir que je fois avec luy.

MADAME JOURDAIN.

Ce font des Chanfons que cela ; je fçay ce que je fçay.

DORANTE.

Prenez, Madame Jourdain, prenez de meil-leures Lunettes.

MADAME JOURDAIN.

Je n'ay que faire de Lunettes, Monfieur, & je voy affez clair ; il y a long-temps que je fens les chofes, & je ne fuis pas une Befte. Cela eft fort vilain à vous, pour un grand Seigneur, de prefter la main comme vous faites aux fottifes de mon Mary. Et vous, Madame, pour une grand'Dame, cela n'eft ny beau, ny honnefte à vous, de mettre de la diffention dans un Ména-ge, & de fouffrir que mon Mary foit amoureux de vous.

DORIMENE.

Que veutd onc dire tout cecy ? Allez, Dorante, vous vous moquez, de m'expofer aux fottes vi-fions de cette extravagante.

DORANTE.

Madame, hola Madame, où courez-vous?

MONSIEUR JOURDAIN.

Madame, Monfieur le Comte, faites-luy excu-fes, & tâchez de la ramener. Ah, impertinente que vous estes, voila de vos beaux faits ; vous me venez faire des affronts devant tout le monde, & vous chassez de chez moy des Personnes de Qualité.

MADAME JOURDAIN.

Je me moque de leur Qualité.

MONSIEUR JOURDAIN.

Je ne sçai qui me tient, maudite, que je ne vous fende la teste avec les pieces du Repas que vous estes venuë troubler.

On oste la Table.

MADAME JOURDAIN *sortant.*

Je me moque de cela. Ce sont mes droicts que je defens, & j'auray pour moy toutes les Femmes.

MONSIEUR JOURDAIN.

Vous faites bien d'éviter ma colere. Elle est arrivée là bien malheureusement. J'estois en humeur de dire de jolies choses, & jamais je ne m'estois senty tant d'esprit. Qu'est-ce que c'est que cela ?

SCENE III.

COVIELLE *deguisé.*
MONSIEUR JOURDAIN,
LAQUAIS.
COVIELLE.

Monsieur, je ne sçay pas si j'ay l'honneur d'estre connu de vous.

E iiij

MONSIEUR JOURDAIN.
Non, Monfieur.

COVIELLE.
Je vous ay veu que vous n'eftiez pas plus grand
que cela.

MONSIEUR JOURDAIN.
Moy!

COVIELLE.
Oüy, vous eftiez le plus bel Enfant du Monde,
& toutes les Dames vous prenoient dans leurs
bras pour vous baifer.

MONSIEUR JOURDAIN.
Pour me baifer!

COVIELLE.
Oüy. J'eftois grand Amy de feu Monfieur vôtre Pere.

MONSIEUR JOURDAIN.
De feu Monfieur mon Pere!

COVIELLE
Oüy. C'eftoit un fort honnefte Gentilhomme.

MONSIEUR JOURDAIN.
Comment dites-vous?

COVIELLE.
Je dis que c'eftoit un fort honnefte Gentilhomme.

MONSIEUR JOURDAIN.
Mon Pere!

COVIELLE.
Oüy.

MONSIEUR JOURDAIN.
Vous l'avez fort connu?

COVIELLE.
Affurément.

MONSIEUR JOURDAIN.
Et vous l'avez connu pour Gentilhomme ?
COVIELLE.
Sans doute.
MONSIEUR JOURDAIN
Je ne sçay donc pas comment le Monde est fait.
COVIELLE.
Comment ?
MONSIEUR JOURDAIN.
Il y a de sottes Gens qui me veulent dire qu'il a esté Marchand.
COVIELLE.
Luy Marchand ! C'est pure médisance, il ne l'a jamais esté. Tout ce qu'il faisoit, c'est qu'il estoit fort obligeant, fort officieux ; & comme il se connoissoit fort bien en étoffes, il en alloit choisir de tous les costez, les faisoit aporter chez luy, & en donnoit à ses Amis pour de l'argent
MONSIEUR JOURDAIN.
Je suis ravy de vous connoistre, afin que vous rendiez ce témoignage-la que mon Pere estoit Gentilhomme.
COVIELLE.
Je le soûtiendray devant tout le Monde.
MONSIEUR JOURDAIN.
Vous m'obligerez. Quel sujet vous ameine ?
COVIELLE.
Depuis avoir connu feu Monsieur vostre Pere honneste Gentilhomme, comme je vous ay dit, j'ay voyagé par tout le Monde.
MONSIEUR JOURDAIN.
Par tout le Monde !

E v

COUIELLE.
Oüy.

MONSIEUR JOURDAIN.
Je penſe qu'il y a bien loin en ce Païs-là.

COVIELLE.
Aſſurément. Je ne ſuis revenu de tous mes longs
Voyages que depuis quatre jours ; & par l'in-
tereſt que je prens à tout ce qui vous touche, je
viens vous anoncer la meilleure nouvelle du
monde.

MONSIEUR JOURDAIN.
Quelle ?

COVIELLE.
Vous ſçavez que le Fils du Grand Turc eſt ici ?

MONSIEUR JOURDAIN.
Moy ? non.

COVIELLE.
Comment! Il a un train tout-à-fait magnifique;
tout le Monde le va voir , & il a eſté receu en ce
Païs comme un Seigneur d'importance.

MONSIEUR JOURDAIN.
Par ma foy, je ne ſçavois pas cela.

COVIELLE.
Ce qu'il y a d'avantageux pour vous, c'eſt qu'il
eſt amoureux de voſtre Fille.

MONSIEUR JOURDAIN.
Le Fils du Grand Turc ?

COVIELLE.
Oüy ; & il veut eſtre voſtre Gendre.

MONSIEUR JOURDAIN.
Mon Gendre , le Fils du Grand Turc !

COVIELLE.
Le Fils du Grand Turc voſtre Gendre. Com-

me je le fus voir, & que j'entens parfaitement
fa langue, il s'entretint avec moy ; & après
quelques autres difcours, il me dit. *Acciam croc*
foler onch alla mouftaph gidelum amanahem varahini
ouffere carbulath C'eft à dire ; n'as-tu point veu
une jeune belle Perfonne, qui eft la Fille de
Monfieur Jourdain, Gentilhomme Parifien ?

MONSIEUR JOURDAIN.

Le Fils du Grand Turc dit cela de moy ?

COVIEELE.

Oüy. Comme je lay eus répondu que je vous
connoiffois particulierement, & que j'avois
veu voftre Fille: Ah, me dit-il, *Marababa fab.in;*
c'eft à dire, Ah que je fuis amoureux d'elle !

MONSIEUR JOURDAIN.

Marababa fahem veut dire, Ah que je fuis amoureux d'elle ?

COUIELLE.

Oüy.

MONSIEUR JOURDAIN.

Par ma foy, vous faites bien de me le dire, car
pour moy je n'aurois jamais crû que *Marababa*
fahem euft voulu dire, Ah que je fuis amoureux
d'elle ! Voila une langue admirable, que ce
Turc !

COVIELLE.

Plus admirable qu'on ne peut croire. Sçavez-
vous bien ce que veut dire, *Cacaracamouchen* ?

MONSIEUR JOURDAIN.

Cacaracamouchen ? Non.

COVIELLE.

C'eft à dire, Ma chere ame.

E vj

MONSIEUR JOURDAIN.

Cacaracamouchen veut dire , Ma chere ame ?

COVIELLE.

Oüy.

MONSIEUR JOURDAIN.

Voila qui eſt merveilleux ! *Cacaracamouchen* ,
Ma chere ame : Diroit-on jamais cela ? Voila
qui me confond.

COVIELLE.

Enfin pour achever mon Ambaſſade , il vient
vous demander voſtre Fille en mariage; & pour
avoir un Beau-Pere qui ſoit digne de luy , il
veut vous faire *Mamamouchi* , qui eſt une certaine Grande dignité de ſon Païs.

MONSIEUR JOURDAIN.

Mamamouchi ?

COVIELLE.

Ouy, *Mamamouchi* : c'eſt à dire en noſtre langue,
Paladin. Paladin, ce ſont de ces anciens. ...Pa-
ladin en fin: Il n'y a rien de plus noble que cela
dans le Monde ; & vous irez de pair avec
les plus grands Seigneurs de la Terre.

MONSIEUR JOURDAIN.

Le Fils du Grand Turc m'honore beaucoup ,
& je vous prie de me mener chez luy , pour luy
en faire mes remercîmens.

COVIELLE.

Comment ? le voila qui va venir icy.

MONSIEUR JOURDAIN.

Il va venir icy ?

COVIELLE.

Oüy ; & il amene toutes choſes pour la cerémonie de voſtre Dignité.

MONSIEUR JOURDAIN.

Voila qui est bien prompt.

COVIELLE.

Son amour ne peut souffrir aucun retardement.

MONSIEUR JOURDAIN.

Tout ce qui m'embarasse icy, c'est que ma Fille est une opiniâtre, qui s'est allé mettre dans la teste un certain Cleonte, & elle jure de n'épouser personne que celuy-là.

COVIELLE.

Elle changera de sentiment, quand elle verra le Fils du Grand Turc ; & puis il se rencontre icy une avanture merveilleuse, c'est que le Fils du Grand Turc ressemble à ce Cleonte, à peu de chose pres. Je viens de le voir, on me l'a montré ; & l'amour qu'elle a pour l'un, poura passer aisément à l'autre, & .... Je l'entens venir ; le voila.

SCENE IV.

CLEONTE en Turc, avec trois Pages portans sa veste. MONSIEUR JOURDAIN, COVIELLE deguisé.

CLEONTE.

Amboufahim oqui boraf, Jordina, falamalequi.

COVIELLE.

C'est à dire ; Monsieur Jourdain, votre cœur

soit toute l'année comme un Rosier fleury. Ce
sont façós de parler obligeantes de ces Païs-là.

MONSIEUR JOURDAIN.

Je suis tres-humble serviteur de son Altesse
Turque.

COVIELLE.

Carigar camboto oustin moraf.

CLEONTE.

Oustin yoc catamalequi busum base alla moran.

COVIELLE.

Il dit que le Ciel vous donne la force des Lions,
& la prudence des Serpens.

MONSIEUR JOURDAIN.

Son Altesse Turque m'honore trop, & je luy
souhaité toutes sortes de prosperitez.

COVIELLE.

Ossa binamen sadoc babally oracaf our am.

CLEONTE.

Bel-men.

COVIELLE.

Il dit que vous alliez viste avec luy vous prépa-
rer pour la cerémonie, afin de voir en suite vôtre Fille, & de conclure le mariage.

MONSIEUR JOURDAIN.

Tant de choses en deux mots ?

COVIELLE.

Oüy, la Langue Turque est comme cela, elle
dit beaucoup en peu de paroles. Allez viste où
il souhaite.

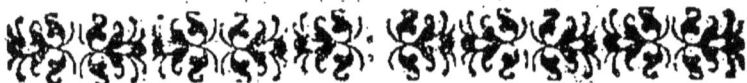

SCENE V.

DORANTE, COVIELLE,

COVIELLE.

HA, ha, ha. Ma foy, cela est tout-à-fait drôle. Quelle dupe! Quand il auroit apris son rôle par cœur, il ne pouroit pas le mieux joüer. Ah, ah. Je vous prie, Monsieur, de nous vouloir aider ceans dans une affaire qui s'y passe.

DORANTE.

Ah, ah, Covielle, qui t'auroit reconnu? Comme te voila ajusté!

COVIELLE.

Vous voyez. Ah, ah.

DORANTE.

De quoy ris-tu?

COVIELLE.

D'une chose, Monsieur, qui le mérite bien.

DORANTE.

Comment?

COVIELLE.

Je vous le donnerois en bien des fois, Monsieur, à deviner, le stratagéme dont nous nous servons auprès de Monsieur Jourdain, pour porter son esprit à donner sa Fille à mon Maistre.

DORANTE.

Je ne devine point le ftratagême, mais je devine qu'il ne manquera pas de faire fon effet,
puis que tu l'entreprens.

COVIELLE.

Je fçay, Monfieur, que la Befte vous eft connuë.

DORANTE.

Aprens-moy ce que c'eft.

COVIELLE.

Prenez la peine de vous tirer un peu plus loin,
pour faire place à ce que j'aperçoy venir. Vous
pourez voir une partie de l'hiftoire, tandis que
je vous conteray le refte.

*La ceremonie Turque pour ennoblir le Bourgeois, fe
fait en Dance & en Mufique, & compofe le quatrie-
me Intermede.*

LE Mufti, quatre Dervis, fix Turcs dançans,
fix Turcs Muficiens, & autres Joüeurs
d'Inftrumens à la Turque, font les Acteurs de
cette Ceremonie.

Le Mufti invoque Mahomet avec les douze
Turcs & les quatre Dervis ; apres on luy amene le Bourgeois veftu à la Turque, fans Turban
& fans Sabre, auquel il chante ces paroles.

LE MUFTI.

Seti fabir
Ti refpondir
Se non fabir
Tazir, tazir.

Mi ſtar Mufti
Ti qui ſtar ti
Non intendir
Tazir, tazir.

Le Mufti demande en meſme langue aux
Turcs aſſiſtans, de quelle Religion eſt le Bourgeois, & ils l'aſſurent qu'il eſt Mahometan. Le
Mufti invoque Mahomet en langue Franque ;
& chante les paroles qui ſuivent,

LE MUFTI.

Mahameta per Giourdina
Mi pregar ſera é mattina
Voler far un Paladina
De Giourdina, de Giourdina.
Dar Turbanta é edar ſcarcina
Con Galeraé Brigantina
Per deffender Paleſtina.
Mahametta , &c.

Le Mufti demande aux Turcs ſi le Bourgeois
ſera ferme dans la Religion Mahometane, &
leur chante ces paroles.

LE MUFTI.

Star bon Turca , Giourdina.

LES TURCS.

Hi valla.

LE MUFTI dance & chante ces mots.

Hu la ba ba la chou ba la ba ba la da,

Les Turcs répondent les meſmes Vers.
Le Mufti propoſe de donner le Turban au
Bourgeois , & chante les paroles qui ſuivent.

LE MUFTI.

Ti non ſtar Furba.

LES TURCS.

No no no.

LE MUFTI.

Non ftar furfanta.

LES TURCS.

No no no.

LE MUFTI.

Donar Turbanta, donar Turbanta

Les Turcs repetent tout ce qu'a dit le Mufti pour donner le Turban au Bourgeois. Le Mufti & les Dervis fe coëffent avec des Turbans de ceremonies, & l'on prefente au Mufti l'Alcoran, qui fait une feconde Invocation avec tout le refte des Turcs affiftans ; apres fon Invocation il donne au Bourgeois l'Épée, & chante ces paroles.

LE MUFTI.

Ti ftar nobilé é non ftar fabbola
Pigliar fchiabbola.

Les Turcs repetent les mefmes Vers, mettant tous le Sabre à la main, & fix d'entre eux dancent autour du Bourgeois, auquel ils feignent de donner plufieurs coups de Sabre.

Le Mufti commande aux Turcs de baftonner le Bourgeois, & chante les paroles qui fuivent.

LE MUFTI.

Dara dara.
Baftonnara baftonnara.

Les Turcs repetent les mefmes Vers, & luy donnent plufieurs coups de Bafton en cadance.

Le Mufti aprés l'avoir fait baftonner, luy dit en chantant.

LE MUFTI.

Non tener honta
Questa star ultima affronta.

Les Turcs repetent les mesmes Vers.
Le Mufti recommence une Invocation, & se
retire apres la Ceremonie avec tous les Turcs,
en dançant & chantant avec plusieurs Instrumens à la Turquesque.

Fin du Quatriéme Acte.

ACTE V.

SCENE PREMIERE.

MADAME JOURDAIN,
MONSIEUR JOURDAIN.

MADAME JOURDAIN.

A H mon Dieu, misericorde ! Qu'est-
ce que c'est donc que cela ? Quelle
figure ! Est-ce un Momon que vous
allez porter ; & est-il temps d'aller
en Masque ? Parlez donc, qu'est-
ce que c'est que cecy ? Qui vous a fagoté comme cela ?

MONSIEUR JOURDAIN.

Voyez l'impertinente, de parler de la sorte à
un *Mamamouchi* !

MADAME JOURDAIN.

Comment donc ?

MONSIEUR JOURDAIN.

Oüy, il me faut porter du respect maintenant ;
& l'on vient de me faire *Mamamouchi*.

MADAME JOURDAIN.

Que voulez-vous dire avec vostre *Mamamouchi* ?

MONSIEUR JOURDAIN.

Mamamouchi, vous dy-je. Je suis *Mamamouchi*.

MADAME JOURDAIN.

Quelle Beste eſt-ce là ?

MONSIEUR JOURDAIN.

Mamamouchi, c'eſt à dire en noſtre Langue,
Paladin.

MADAME JOURDAIN.

Baladin! Eſtes-vous en âge de dācer des Ballets?

MONSIEUR JOURDAIN.

Quelle ignorante ! Je dis Paladin; c'eſt une Dignité dont on vient de me faire la cerémonie.

MADAME JOURDAIN.

Quelle cerémonie donc ?

MONSIEUR JOURDAIN.

Mahameta per Jordina.

MADAME JOURDAIN.

Qu'eſt-ce que cela veut dire ?

MONSIEUR JOURDAIN.

Jordina, c'eſt à dire Jourdain.

MADAME JOURDAIN.

Hé bien quoy, Jourdain ?

MONSIEUR JOURDAIN.

Voler far un Paladina de Jordina.

MADAME JOURDAIN.

Comment ?

MONSIEUR JOURDAIN.

Dar turbanta con galera.

MADAME JOURDAIN.

Qu'eſt-ce á dire cela ?

MONSIEUR JOURDAIN.

Per deffender Paleſtina.

MADAME JOURDAIN.

Que voulez-vous donc dire ?

MONSIEUR JOURDAIN.

Dara dara bastonnara.

MADAME JOURDAIN.

Qu'est-ce donc que ce jargon-là ?

MONSIEUR JOURDAIN.

Non tener honta quest a star l'ultima affronta.

MADAME JOURDAIN.

Qu'est-ce que c'est donc que tout cela ?

MONSIEUR JOURDAIN *dance & chante.*

Hou la ba ba la chou ba la ba ba la da.

MADAME JOURDAIN.

Helas, mon Dieu, mon Mary est devenu fou.

MONSIEUR JOURDAIN *sortant.*

Paix, insolente, portez respect à Monsieur le
Mamamouchi.

MADAME JOURDAIN.

Où est-ce qu'il a donc perdu l'esprit ? Courons
l'empescher de sortir. Ah, ah, voicy justement
le reste de nostre écu. Je ne voy que chagrin de
tous costez. *Elle sort.*

SCENE II.

DORANTE, DORIMENE.

DORANTE.

OUy, Madame, vous verrez la plus plaisante chose qu'on puisse voir ; & je ne croy
pas que dans tout le Monde il soit possible de
trouver encore un Homme aussi fou que celuy-

là : Et puis, Madame, il faut tâcher de servir
l'amour de Cleonte, & d'apuyer toute sa Mascarade. C'est un fort galant Homme, & qui
mérite que l'on s'interesse pour luy.

DORIMENE.

J'en fais beaucoup de cas, & il est digne d'une
bonne fortune.

DORANTE

Outre cela, nous avons icy, Madame, un Ballet qui nous revient, que nous ne devons pas
laisser perdre, & il faut bien voir si mon idée
pourra reüssir.

DORIMENE.

J'ay veu là des aprests magnifiques, & ce sont
des choses, Dorante, que je ne puis plus souffrir. Oüy, je veux enfin vous empécher vos pro-
fusions: & pour rompre le cours à toutes les dépenses que je vous voy faire pour moy, j'ay ré-
solu de me marier promptement avec vous.
C'en est le vray secret, & toutes ces choses fi-
nissent avec le mariage.

DORANTE.

Ah ! Madame, est-il possible que vous ayez pû
prendre pour moy une si douce résolution ?

DORIMENE.

Ce n'est que pour vous empécher de vous ruï-
ner ; & sans cela je voy bien qu'avant qu'il fust
peu, vous n'auriez pas un sou.

DORANTE.

Que j'ay d'obligation, Madame, aux soins que
vous avez de conserver mon bien ! Il est entierement à vous, aussi bien que mon cœur, &
vous en userez de la façon qu'il vous plaira.

DORIMENE.

J'uſeray bien de tous les deux. Mais voicy vôtre Homme ; la figure en eſt admirable.

SCENE III.

MONSIEUR JOURDAIN, DORANTE, DORIMENE.

DORANTE.

MOnſieur, nous venons rendre hommage, Madame, & moy, à voſtre nouvelle Dignité, & nous réjoüir avec vous du Mariage que vous faites de voſtre Fille avec le Fils du Grand Turc.

MONSIEUR JOURDAIN *apres avoir fait les reverences à la Turque.*

Monſieur, je vous ſouhaite la force des Serpens, & la prudence des Lions.

DORIMENE.

J'ay eſté bien aiſe d'eſtre des premieres, Monſieur, à venir vous feliciter du haut degré de gloire où vous eſtes monté.

MONSIEUR JOURDAIN.

Madame, je vous ſouhaite toute l'année vôtre Roſier fleury ; je vous ſuis infiniment obligé de prendre part aux honneurs qui m'arrivent, & j'ay beaucoup de joye de vous voir revenuë icy pour vous faire les tres-humbles excuſes de l'extra-

l'extravagance de ma Femme.
DORIMENE.
Cela n'eft rien, j'excufe en elle un pareil mouvement ; voftre cœur luy doit eftre précieux, &
il n'eft pas étrange que la poffeffion d'un Homme comme vous puiffe infpirer quelques alar-
mes.   MONSIEUR JOURDAIN.
La poffeffion de mon cœur eft une chofe qui
vous eft toute acquife.
DORANTE.
Vous voyez, Madame, que Monfieur Jourdain
n'eft pas de ces Gens que les profperitez aveu-
glent, & qu'il fçait dans fa gloire connoître
encore fes Amis.
DORIMENE.
C'eft la marque d'une ame tout-à-fait géné-
reufe.
DORANTE.
Où eft donc Son Alteffe Turque ? Nous vou-
drions bien, comme vos Amis, luy rendre nos
devoirs.
MONSIEUR JOURDAIN.
Le voila qui vient , & j'ay envoyé querir ma
Fille pour luy donner la main.

SCENE IV.
CLEONTE, COVIELLE,
MONSIEUR JOURDAIN, &c.
DORANTE.
Monfieur, nous venons faire la revérence
à Voftre Alteffe, comme Amis de Mon-

F

fieur voftre Beau-Pere, & l'affurer avec refpect
de nos tres-humbles fervices.

MONSIEUR JOURDAIN.

Où eft le Truchement, pour luy dire qui vous
eftes, & luy faire entendre ce que vous dites?
Vous verrez qu'il vous répondra, & il parle
Turc à merveille. Hola, où diantre eft-il allé?
A Cl. Strouf, ftrif, ftrof, ftraf. Monfieur eft un
grande Segnore, grande Segnore, grande Seguore ; &
Madame, une *granda Dama, granda Dama. Ahi*
Monfieur, luy *Mamamouchi* François, & Mada-
me *Mamamouchie* Françoife. Je ne puis pas par-
ler plus clairement. Bon, voicy l'Interprete.
Où allez-vous donc ? Nous ne fçaurions rien di-
re fans vous. Dites-lui un peu que Monfieur
& Madame font des Perfonnes de grande Qua-
lité, qui luy viennent faire la reverence, comme mes Amis, & l'affurer de leurs fervices.
Vous allez voir comme il va répondre.

COVIELLE.

Alabala crociam acci boram alabamen.

CLEONTE.

Catalequi tubal ourin foter amalouchan.

MONSIEUR JOURDAIN.

Voyez-vous ?

COVIELLE.

Il dit que la pluye des profperitez arroufe en
tout temps le jardin de voftre Famille.

MONSIEUR JOURDAIN.

Je vous l'avois bien dit qu'il parle Turc.

DORANTE.

Cela eft admirable.

SCENE V.

LUCILE, MONSIEUR JOURDAIN,
DORANTE, DORIMENE, &c.

MONSIEUR JOURDAIN.

VEnez, ma Fille, aprochez-vous, & venez
donner voftre main à Monfieur, qui vous
fait l'honneur de vous demander en mariage.

LUCILE.

Comment, mon Pere, comme vous voila fait !
Eft-ce une Comedie que vous joüez ?

MONSIEUR JOURDAIN.

Non, non, ce n'eft pas une Comedie, c'eft une
affaire fort ferieufe, & la plus pleine d'honneur pour vous qui fe peut fouhaiter. Voila le
Mary que je vous donne.

LUCILE.

A moy, mon Pere !

MONSIEUR JOURDAIN.

Oüy à vous, allons, touchez-luy dans la main,
& rendez grace au Ciel de voftre bonheur.

LUCILE.

Je ne veux point me marier.

MONSIEUR JOURDAIN.

Je le veux moy, qui fuis voftre Pere.

LUCILE.

Je n'en feray rien.

MONSIEUR JOURDAIN.

Ah que de bruit. Allons, vous dis-je. Ca vôtre main.

LUCILE.

Non, mon Pere, je vous l'ay dit, il n'eſt point de pouvoir qui me puiſſe obliger à prendre un autre Mary que Cleonte; & je me reſoudray plûtoſt à toutes les extrémitez, que de.... *reconnoiſſant Cleonte*. Il eſt vray que vous êtes mon Pere, je vous dois entiere obeïſſance; & c'eſt à vous à diſpoſer de moy ſelon vos volontez.

MONSIEUR JOURDAIN.

Ah je ſuis ravie de vous voir ſi promptement revenuë dans voſtre devoir; & voila qui me plaiſt, d'avoir une Fille obeïſſante.

SCENE DERNIERE.

MADAME JOURDAIN,
MONSIEUR JOURDAIN,
CLEONTE, &c.

MADAME JOURDAIN.

COmment donc, qu'eſt-ce que c'eſt que cecy? On dit que vous voulez donner vôtre Fille en mariage à un Careſme-prenant?

MONSIEUR JOURDAIN.

Voulez vous vous taire, impertinente? Vous venez toûjours meſler vos extravagances à toutes choſes, & il n'y a pas moyen de vous aprendre à eſtre raiſonnable.

MADAME JOURDAIN.

C'eſt vous qu'il n'y a pas moyen de rendre ſage, & vous allez de folie en folie. Quel eſt vôtre deſſein, & que voulez-vous faire avec cet
aſſemblage ?

MONSIEUR JOURDAIN.

Je veux marier noſtre Fille avec le Fils du
Grand Turc.

MADAME JOURDAIN.

Avec le Fils du Grand Turc !

MONSIEUR JOURDAIN.

Oüy, faites-luy faire vos complimens par le
Truchement que voila.

MADAME JOURDAIN.

Je n'ay que faire du Truchement, & je lui dirai bien moi-meſme à ſon nez, qu'il n'aura
point ma Fille.

MONSIEUR JOURDAIN.

Voulez-vous vous taire encore une fois ?

DORANTE.

Comment, Madame Jourdain, vous vous opo-
ſez à un bonheur comme celui-là ; Vous refu-
ſez Son Alteſſe Turque pour Gendre ?

MADAME JOURDAIN.

Mon Dieu, Monſieur, meſlez-vous de vos
affaires.

DORIMENE.

C'eſt une grande gloire, qui n'eſt pas à rejetter.

MADAME JOURDAIN.

Madame, je vous prie auſſi de ne vous point
embaraſſer de ce qui ne vous touche pas.

DORANTE.

C'eſt l'amitié que nous avons pour vous, qui

F iij

nous fait intereffer dans vos avantages.

MADAME JOURDAIN.

Je me pafferai bien de voftre amitié.

DORANTE.

Voila vôtre Fille , qui confent aux volontez
de fon Pere.

MADAME JOURDAIN.

Ma Fille confent à époufer un Turc ?

DORANTE.

Sans doute.

MADAME JOURDAIN.

Elle peut oublier Cleonte ?

DORANTE.

Que ne fait-on pas pour eftre grand'Dame ?

MADAME JOURDAIN.

Je l'étranglerois de mes mains, fi elle avoit fait
un coup comme celuy-là.

MONSIEUR JOURDAIN.

Voila bien du caquet. Je vous dis que ce Ma-
riage-là fe fera.

MADAME JOURDAIN.

Je vous dy, moi, qu'il ne fe fera point.

MONSIEUR JOURDAIN.

Ah que de bruit !

LUCILE.

Ma Mere.

MADAME JOURDAIN.

Allez, vous eftes une Coquine.

MONSIEUR JOURDAIN.

Quoi, vous la querellez, de ce qu'elle m'obeït?

MADAME JOURDAIN.

Oüy, elle eft à moi, auffi bien qu'à vous.

COVIELLE.

Madame.

MADAME JOURDAIN.

Que me voulez vous conter, vous?

COVIELLE.

Un mot.

MADAME JOURDAIN.

Je n'ai que faire de voſtre mot.

COVIELLE *à Monſieur Jourdain.*

Monſieur, ſi elle veut écouter une parole en particulier, je vous promets de la faire conſentir à ce que vous voulez

MADAME JOURDAIN·

Je n'y conſentirai point.

COVIELLE.

Ecoutez-moi ſeulement.

MADAME JOURDAIN.

Non·

MONSIEUR JOURDAIN.

Ecoutez-le.

MADAME JOURDAIN.

Non, je ne veux pas écouter.

MONSIEUR JOURDAIN.

Il vous dira….

MADAME JOURDAIN·

Je ne veux point qu'il me diſe rien.

MONSIEUR JOURDAIN.

Voila une grande obſtination de Femme! Cela vous fera t'il mal, de l'entendre?

COVIELLE.

Ne faites que m'écouter, vous ferez apres ce qu'il vous plaira.

MADAME JOURDAIN.

Hé bien, quoi ?

COVIELLE *à part.*

Il y a une heure, Madame, que nous vous fai-
sons signe. Ne voiez-vous pas bien que tout ceci n'est fait que pour nous ajuster aux visions
de vôtre Mari, que nous l'abusons sous ce dé-
guisement, & que c'est Cleonte lui-mesme qui
est le Fils du Grand Turc ?

MADAME JOURDAIN.

Ah, ah.

COVIELLE.

Et moi, Covielle, qui suis le Truchement.

MADAME JOURDAIN.

Ah comme cela, je me rens.

COVIELLE.

Ne faites pas semblant de rien.

MADAMF JOURDAIN.

Oüi, voila qui est fait, je consens au Mariage.

MONSIEUR IOURDAIN.

Ah voila tout le monde raisonnable. Vous ne
vouliez pas l'écouter. Je sçavois bien qu'il vous
expliqueroit ce que c'est que le Fils du Grand
Turc.

MADAME JOURDAIN.

Il me l'a expliqué comme il faut, & j'en suis
satisfaite. Envoions querir un Notaire.

DORANTE.

C'est fort bien dit. Et afin, Madame Jourdain,
que vous puissiez avoir l'esprit tout-à-fait content, & que vous perdiez aujourd'hui toute la
jalousie que vous pouriez avoir conceuë de

Monſieur vôtre Mari, c'eſt que nous nous ſer-
virons du meſme Notaire pour nous marier
Madame, & moi.

MADAME JOURDAIN.

Je conſens auſſi à cela.

MONSIEUR JOURDAIN.

C'eſt pour lui faire acroire·

DORANTE.

Il faut bien l'amuſer avec cette feinte.

MONSIEUR JOURDAIN.

Bon, bon. Qu'on aille querir le Notaire.

DORANTE.

Tandis qu'il viendra, & qu'il dreſſera les Con-
tracts, voions nôtre Ballet, & donnons-en le
divertiſſement à Son Alteſſe Turque.

MONSIEUR IOURDAIN.

C'eſt fort bien aviſé, allons prendre nos places.

MADAME JOURDAIN.

Et Nicole ?

MONSIEUR JOURDAIN.

Je la donne au Truchement ; & ma Femme, à
qui la voudra.

COVIELLE.

Monſieur, je vous remercie. Si l'on en peut
voir un plus fou, je l'irai dire à Rome.

*Lu Comedie finit par un petit Ballet qui avoit eſté
preparé.*

※※※※※※
※※※※

PREMIERE ENTREE.

UN Homme vient donner les Livres du Ballet, qui d'abord est fatigué par une multitude de Gens de Provinces diferentes, qui crient en Musique pour en avoir, & par trois Importuns qu'il trouve toûjours sur ses pas.

DIALOGUE DES GENS
qui en Musique demandent des Livres.

TOUS.

A Moy, Monsieur, *à moy de grace, à moy Monsieur,*
Un Livre, s'il vous plaist, à vostre serviteur.
Homme du bel air.

Monsieur, distinguez nous parmy les Gens qui crient.
Quelques Livres icy, les Dames vous en prient.
Autre homme du bel air.

Hola Monsieur, Monsieur, ayez la charité
D'en jetter de nostre costé.
Femme du bel air.

Mon Dieu qu'aux Personnes bien faites,
On sçait peu rendre honneur ceans.
Autre Femme du bel air.

Ils n'ont des Livres & des Bancs,
Que pour Mesdames les Grisettes.
Gascon.

Aho! l'Homme aux Libres, qu'on m'en vaille,
J'ay deja le poumon usé,
Bous boyez quo chacun mé raille,
Et je suis escandalisé

GENTILHOMME. 131

De boir és mains de la Canaille ,
Ce qui m'est par bous refusé.
Autre Gascon.
Eh cadedis , Monseu , boyeZ qui l'on pût estre ;
Un Libret , je bous prie , au Varon d'Asbarat.
Je pense , mordy , que le fat
N'a pas l'honnur dé mé connoistre.
Le Suisse.
Mon'-sieur le donneur de papieir ,
Que veul dire sty façon de fifre ,
Moy l'écorchair tout mon gosieir
A crieir ,
Sans que je pouvre afoir ein Lifre ;
Pardy , mon foy, Mon'-sieur , je pense fous l'estre isre.
Vieux Bourgeois babillard.
De tout cecy franc & net ,
Je suis mal satisfait ;
Et cela sans doute est laid ,
Que nostre Fille
Si bien faite & si gentille ,
De tant d'amoureux l'Objet ,
N'ait pas à son souhait
Un Livre de Ballet ,
Pour lire le Sujet
Du Divertissement qu'on fait.
Et que toute nostre Famille
Si proprement s'habille ,
Pour estre placée au sommet
De la Salle , où l'on met
Les Gens de l'entriguet :
De tout cecy franc & net
Je suis mal satisfait ,
Et cela sans doute est laid.

LE BOURGEOIS

Vieille Bourgeoise babillarde.

Il est vray que c'est une honte,
Le sang au visage me monte,
Et ce Jetteur de Vers qui manque au capital,
  L'entend fort mal ;
   C'est un brutal,
   Un vray Cheval,
   Franc animal,
  De faire si peu de conte
D'une Fille qui fait l'ornement principal
  Du Quartier du Palais Royal,
  Et que ces jours passez un Comte
  Fut prendre la premiere au Bal.
  Il l'entend mal,
  C'est un brutal,
  Un vray Cheval,
  Franc animal.

Hommes & Femmes du bel air.

Ah ! quel bruit !
  Quel fracas !
   Quel cahos !
    Quel mélange !

Quelle confusion !
  Quelle cohuë estrange !
Quel desordre !
  Quel embarras !
 On y seche.
  L'on n'y tient pas.
Gascon.

Bentre je suis à vout.
Autre Gascon.

J'enruge, Diou me damne.

GENTILHOMME.

Suisse.
Ah que ly faire saif dans sty sal de cians.

Gascon.
Jé murs.

Autre Gascon.
Jé pers la tramontane.

Suisse.
Mon foy moy le foudrois estre hors de dedans.

Vieux Bourgeois babillard.
Allons , ma Mie ,
Suivez mes pas ,
Je vous en prie ,
Et ne me quitez pas,
On fait de nous trop peu de cas ,
Et je suis las
De ce tracas:
Tout ce fratras ,
Cet embarras
Me pese par trop sur les bras :
S'il me prend jamais envie
De retourner de ma vie
A Ballet ny Comedie ,
Je veux bien qu'on m'estropie.
Allons , ma Mie ,
Suivez mes pas ,
Je vous en prie ,
Et ne me quitez pas ,
On fait de nous trop peu de cas.

Vielle Bourgeoise babillarde.
Allons mon Mignon , mon Fils ,
Regagnons nostre logis ,
Et sortons de ce taudis ,
Où l'on ne peut estre assis ;
Ils seront bien ébobis

Quand ils nous verront partis.

Trop de confusion regne dans cette Salle,
Et j'aimerois mieux estre au milieu de la Halle ;
Si jamais je reviens à semblable Regale,
Je veux bien recevoir des soufflets plus de six.
Allons mon Mignon , mon Fils ,
Regagnons nostre logis ,
Et sortons de ce taudis ,
Où l'on ne peut estre assis.

TOUS.

A moy, Monsieur , à moy de grace , à moy Monsieur ,
Un Livre , s'il vous plaist , à vostre Serviteur.

SECONDE ENTRE'E.

Les trois Importuns dancent.

TROISIE'ME ENTRE'E.

Trois Espagnols chantent.

Se que me muero de amor
Y solicito el dolor.

Aun muriendo de querer
De tan buer ayre adolezco
Que es mas de lo que padezco
Lo que quiero padecer
Y no pudiendo exceder
A mi deseo el rigor

Se que me muero de amor
Y solicito el dolor.

Lisonxeame la fuerté
Con piedad tan advertida ,
Que me asseguura la vida
En el riesgo de la muerte
Vivir de sugolpe fuerte
Es de mi salud primor.

Sè que , &c.
Six Espagnols dancent.

Trois Musiciens Espagnols.

Ay que locura , con tanto rigor
Quexarse de amor
Del niño bonito
Que todo es dulçera
Ay que locura ,
Ay que locura.
    Espagnol chantant.
El dolor solicita ,
El que al dolor se da
Y naide de amor muere
Sino quien no save amar.
    Deux Espagnols.
Dulce muerte es el amor
Con correspondencia ygual ,
Ysi esta gozamos o
Porque la quieres turbar ?
        Un Espagnol.
Alegrese Enamorad o
Y tome mi parecer
Que en esto dequerer
Todo es allar el vado.

Tous trois ensemble.

Vaya, vaya de fieſtas,
Vaya de vayle,
Alegria, alegria, alegria.
Que eſto de dolor es fantaſia.

QVATRIE'ME ENTRE'E.
ITALIENS.

UNe Muſicienne Italienne fait le premier Recit, dont voicy les paroles.

Di rigori armata il ſeno
Contro amor mi ribellai,
Ma fui vinta in un baleno
In mirar duo vaghi rai,
Ahi che reſiſte puoco
Cor di gelo a ſtral di fuoco.

Ma ſi caro e' l mio tormento
Dolce e ſi la piaga mia,
Ch'il penare e' l mio contento,
El' ſanarmi e tirannia.
Ahi che più giova , e piace
Quanto amor e più vivace.

Apres l'Air que la Muſicienne a chanté, deux Scaramouches, deux Trivelins, & un Harlequin, repreſentent une Nuit à la maniere des Comediens Italiens , en cadence.

Un Muſicien Italien ſe joint à la Muſicienne Italienne , & chante avec elle les paroles qui ſuivent.

Le

Le Muficien Italien.

Bel tempo che vola
Rapifce il contento,
D'amor ne la fcola
Si coglie il momento.

La Muficienne.

Infin che florida
Ride l'età
Che pur tropp' horrida
Da noi fen và.

Tous deux.

Sù cantiamo
Su godiamo
Ne bei di, di gioventù:
Perduto ben non fi racquifta piis.

Muficien.

Pupilla che vaga
Mill' alme incatena,
Fà dolce la piaga
Felice la pena.

Muficienne.

Ma poiche frigida
Langue l'eta,
Più l'alma rigida
Fiamme non hà.

Tous deux.

Sù cantiamo, &c.

Apres le Dialogue Italien, les Scaramouches
& Trivelins dancent une Réjoüiffance.

G

CINQVIÉ'ME ENTRE'E

FRANÇOIS.

Deux Muſiciens Poitevins dancent, & chantent les paroles qui ſuivent.

PREMIER MENUET.

AH ! qu'il fait beau dans ces Boccages ,
Ah ! que le Ciel donne un beau jour !

Autre Muſicien.

Le Roſſignol ſous ces tendres feüillages
Chante aux Echos ſon doux retour :
Ce beau ſéjour
Ces doux ramages ,
Ce beau ſejour
Nous invite à l'Amour.

2. MENUET. Tous deux enſemble.

VOy ma Climene ,
Voy ſous ce Cheſne
S'entrebaiſer ces Oyſeaux amoureux ;
Ils n'ont rien dans leurs vœux
Qui les geſne ,
De leurs doux feux
Leur ame eſt pleine.
Qu'ils ſont heureux !
Nous pouvons tous deux ,
Si tu le veux ,
Eſtre comme eux.

Six autres François viennent apres veſtus galamment à la Poitevine , trois en Hommes , & trois en Femmes, accompagnez de huit Flûtes & de Haut-bois , & dancent les Menuets.

SIXIE'ME ENTRE'E.

TOut cela finit par le mélange des trois Nations, & les aplaudissemens en Dance & en Musique de toute l'assistance, qui chante les deux Vers qui suivent.

Quels Spectacles charmans, quels plaisirs goûtous-nous ?

Les Dieux mesmes, les Dieux, n'en ont point de plus doux.

F I N.

www.ingramcontent.com/pod-product-compliance
Lightning Source LLC
Chambersburg PA
CBHW051719090426
42738CB00010B/1990